高校民族传统体育教学
模式的创新性研究

梁田 ◎ 著

吉林人民出版社

图书在版编目 (CIP) 数据

高校民族传统体育教学模式的创新性研究 / 梁田著
. -- 长春：吉林人民出版社，2020.12
ISBN 978-7-206-17844-3

Ⅰ.①高… Ⅱ.①梁… Ⅲ.①民族形式体育—中国—
教学模式—高等学校 Ⅳ.① G852.9

中国版本图书馆 CIP 数据核字 (2020) 第 247018 号

高校民族传统体育教学模式的创新性研究
GAOXIAO MINZU CHUANTONG TIYU JIAOXUE MOSHI DE CHUANGXINXING YANJIU

著　　者：梁　田		封面设计：陈富志	
责任编辑：周立东		助理编辑：李子木	

吉林人民出版社出版 发行（长春市人民大街 7548 号）　邮政编码：130022

印　　刷：定州启航印刷有限公司

开　　本：710mm×1000mm　　　1/16

印　　张：9　　　　　　　　　　字　　数：160 千字

标准书号：ISBN 978-7-206-17844-3

版　　次：2020 年 12 月第 1 版　　　印　　次：2020 年 12 月第 1 次印刷

定　　价：49.00 元

如发现印装质量问题，影响阅读，请与印刷厂联系调换。

    本书是周口师范学院教师梁田参与的向云平副教授主持的
2020 年河南省哲学社会科学规划年度项目"中原传统体育文化
嬗变研究（编号 2020BTY023）"的前期成果。

| 前 言 |

民族传统体育是中华民族文化历史的重要组成部分，是在人类发展历史长河中逐渐沉淀下来的文化瑰宝，以其自身独特的运动形态存在，同时与人们的日常生产生活存在着非常密切的关系。对于高校而言，民族传统体育在课堂中不仅能够丰富教学的内容，而且也为在校大学生增加了选课的范围。因此，把东方古老的民族传统体育运动融入高校体育运动中去，根据时代要求对高校民族传统体育进行再创造和深加工，使之符合当今世界体育的发展规律和特征，是十分重要的事情。

作为高校民族传统体育教学模式，它是针对高校学生这一特定的对象，以促进学生身心和谐、健康、传承弘扬我国民族传统体育文化为教学指导思想，以民族传统体育为主要手段，为完成规定的教学目标和任务而形成的规范化教学程序。高校民族传统体育教学应继续创新教学模式、更新教学理念、突出课程特色、改革教学方法，以提高学生兴趣，弘扬文化传统。

本书首先总述了民族传统体育的基本内涵，包括民族传统体育的概念及分类、民族传统体育的基本特点、民族传统体育的功能与价值；接着阐明了高校民族传统体育教学的理论思考，包括高校开展民族传统体育教学展的现实意义、高校民族传统体育教学的核心原则与基本方法、高校民族传统体育教学体系的构建、高校民族传统体育教学模式的改革探析；随后从武术套路、技击运动、养生运动、娱乐运动入手，讲述了高校民族传统体育项目教学中的创新模式实践，又从东北地区、西南地区、东部地区、东南地区、中部地区等区域入手，探索了区域性高校开展民族体育项目教学的创新模式；此外，本书也探讨了高校民族传统体育运动保健教学模式的建立、多维度视域下高校民族传统体育教学模式的构建以及基于文化传承与创新的高校民族传统体育教学模式的发展等内容。

    本书对体育教学与民族传统体育研究的相关工作者有阅读和参考价值，期盼能为我国高校民族传统体育教学的发展贡献一份力量。鉴于作者水平有限，书中难免存在不足之处，恳望读者提出宝贵意见和建议！

目　录
contents

第一章　民族传统体育概述

第一节　民族传统体育的概念及分类

一、民族传统体育的含义

本书研究的是中华民族传统体育。

中国民族体育是在中国人居住的地方开展的、具有中华民族传统特色的体育活动的总称。

人民体育出版社出版的体育学院通用教材《体育史》认为：民族传统体育是指近代以前的体育竞技娱乐活动；我国学者熊晓正在其论文《机遇与挑战——对我国民族传统体育发展之浅见》将民族传统体育定义为："民族传统体育是指近代体育传入前我国存在的体育模式，即 1840 年前，我国各族人民已经采用并流传至今的体育活动内容、社会表现方式与价值观念的总和。"[①]

有些学者持不同的意见，如熊志冲认为："中国传统体育是指中华大地上历代产生，并大多流传至今和在古代历史长河中由外族传入并在我国生根发展的一切体育活动。"[②] 还有一些研究避开了时间的限定，站在文化学的角度对民族传统体育进行了概括，认为民族传统体育是民族（包括汉族）体育

---

① 熊晓正.机遇与挑战——对我国民族传统体育发展之浅见[J].成都体育学院学报，1988（4）：21-28.

② 熊志冲.传统体育与传统文化[J].体育文史，1989（5）：4-9.

的重要组成部分，是构成现代体育的"体育文化密码"。民族传统体育是各民族体育活动方式的延续和保存，是历史留给我们的宝贵体育文化遗产。还有的研究认为：民族传统体育是指某一个或几个特定的民族在一定范围内开展的、至今还有影响的体育竞技娱乐活动。

以上这些对民族传统体育不同的认识，是站在不同的角度看待问题的结果。

我国民族传统体育代表着古老的东方保健体系，是中华文明的一个有机组成部分。它既包括各族群众喜闻乐见的民间游戏，也包括一些少数民族的典型传统竞技，更多的是各民族中普遍开展的项目。它受一定的自然环境、地理条件和社会历史发展以及本民族自身的各种因素影响。对民族传统体育概念的理解，应注意以下几点：

首先，民族传统体育作为一个系统，一个整体，任何割裂或孤立民族传统体育系统的概念都是不科学的；其次，民族传统体育是随着社会的发展不断发展和进步的，因此，其概念的内涵和外延不能过宽或过窄，而且还要符合实际；最后，要明确民族传统体育是各民族传统文化的重要组成部分，它既是一种健身和娱乐活动，又是增强体质技能训练的一种特殊教育方式。

随着人类社会的不断发展，人们对体育的认识也会在新的探索与争论中不断深入和提高。综上所述，民族传统体育的概念大致可概括如下：民族传统体育是指特定的民族在一定范围内开展的、从传统社会沿袭下来的、具有浓厚民族文化色彩的、对人体生理特征进行改造的各种身体活动的总称。

二、民族传统体育的分类

中华民族历史悠久，从远古时期就出现了娱乐健身活动，随着社会的发展，逐渐形成了形式多变且有规则要求的民间体育项目，而且代代相传。同时，由于各民族地域环境和生活习俗的差异，这些体育项目又具备了鲜明的民族特点，这些都极大地丰富了中华民族的文化宝库。人们要对这些项目进行分类，就要把握这些民族传统体育项目在不断发展变化过程中所具有的共性，同时要与当前社会发展需要相结合，要在分类中体现出民族传统体育项目的社会价值。

（一）依据民族传统体育项目的特点分类

依据民族传统体育项目的特点，可以分为三大类。

1.竞技比赛类

（1）体育性明显，对抗性强，规则完善，参与者较为广泛，容易推广。

（2）运用丈量、计时、计分、计环、计数等方法决定胜负。

2.竞赛表演类

（1）体育性明显，鲜明的民族性，对抗性强，规则相对完善，需进一步推广普及。

（2）表演动作相对固定，有一定难度，观赏性强，容易推广。

3.娱乐、健身操类

（1）具备体育性、鲜明的民族性，动作优美、连贯，观赏性强，尚待推广。

（2）规则尚不完善，有待进一步挖掘整理的民族传统体育项目。具体分类如表1-1所示。

表1-1 民族传统体育项目分类

竞技比赛类	竞赛表演类			娱乐、健身操类
武术	风筝	水秋千	打毛毽	太极柔力球
摔跤	赛骆驼	木射	跳火绳	扭秧歌
马术	爬坡杆	舞龙	叉草球	竿球
龙舟竞渡	抛绣球	舞狮	皮爬犁	打鸡毛球
抢花炮	打扁担	打布鲁	马上拾银	柔连响
秋千	跳板	博克	中国古代举重	导引
木球	跳马和跳骆驼	惯牛	跳鼓	滚铁环
毽球	姑娘追	马上摔跤	轮子秋	踢架
蹴球	穿藤圈	抵肩	八人秋	赛海马
射弩	跳竹竿	蹲斗	赶羊跑	捶丸
高脚竞速	哆毽	抱石头	抖空竹	打火龙
板鞋竞速	毛菜球	赛牦牛	丢花包	
押加	打飞棒	波依阔	竹摔	
叼羊	射术	劲力比赛	拔腰	
打陀螺	投壶	推杆	顶上功夫	
……		……		……

（二）依据内容和性质分类

民族传统体育项目种类繁多，内容丰富，为便于选择适合高校开展的民族传统体育项目，从其性质、内容上可划分为力量型、速度型、技巧型三种。

1.力量型项目

力量型项目是以力量大小为项目取胜标准的传统体育对抗性项目。

集体力量型的竞技内容主要有拔河、龙舟竞渡等内容。这些项目的特点是以集体团结协作的力量战胜对方，任何个体在这个集体中都必须遵守活动的规则，协作地发挥自身的潜力共同与对方抗衡。

个体的力量较量有摔跤、投掷、举重、爬竿等。摔跤在各个民族的体育活动中是最受青睐的项目，现在已经分化成各具特色的摔跤形式。

2.速度型项目

速度型项目是以速度快慢为取胜标准的传统体育项目。

速度型项目包含的内容较多，其共同特征是以娴熟的技术、合理的战术为保证，充分发挥自身的速度优势去取得胜利，如赛马、姑娘追、赛骆驼等。速度是每个项目都必须具备的基本条件。

3.技巧型项目

技巧型项目是以灵敏、协调的技术为衡量标准的传统体育项目。

技巧型项目在我国民族传统体育项目中占据重要地位，项目数量多，地域分布广，参加人数多，这主要是由民族特点决定的。技巧型项目主要有武术、跳绳、跳皮筋、踢毽子、荡秋千、马上捡哈达、马球和上刀梯等内容。这些内容均有着悠久的历史，至今仍然受到各族人民的喜爱。

（三）其他分类方式

1.按学科交叉领域分类

民族传统体育项目具备三大属性：体育性、民族性和传统性。民族传统体育学隶属于体育学，属体育学下的二级学科，体育性也就成为这三个属性中最本质、最重要的属性。体育学与民族学交叉部分的项目被称为民族体育，具备体育性和民族性；体育学与传统学交叉的项目被称为传统体育，具备体育性和传统性。按照这样对学科交叉领域的理解，我们可以将民族传统体育分为民族体育和传统体育两类。

2.按民族传统体育项目的价值和功能分类

按照价值和功能对民族传统体育进行分类是比较常见的分类方式，这种分类逻辑起点简单，且相对能得到认可。主要的分类有强身健体、娱乐休闲、竞技对抗表演、祭祀、节日文化传统习俗等。

（1）强身健体。民族传统体育植根于民族传统文化。中华五千年文明史造就了中国"以人为本"的传统文化，因此，在经历长期文化沉淀之后，依托于传统文化和传统医学的民族传统体育就成为国人强身健体的最主要方式。例如，导引术、太极拳、五禽戏等。

（2）休闲娱乐。这类民族传统体育项目指人们在可以自由支配时间里自愿参与、自主选择的多在各民族节日和余暇时间开展的各种休闲、娱乐性传统体育活动项目，以恢复体力和精力、缓解压力、愉悦身心、调节情绪、修身养性为主要目的，同时也是实现自我和完善自我而进行的一种社会活动。它和民族传统体育中的竞技对抗表演、祭祀文化传统等类别是相互独立又相互并存的关系，如游泳、马球、滑冰、划龙舟、舞狮等。

（3）竞技对抗表演。民族传统体育在其发展过程中，绝大多数项目竞技对抗的成分不如表演的成分多，西方现代体育传入中国后，对民族传统体育产生了很大的影响，竞技对抗的功能也逐渐开始显露，形成了一些具有民族传统特点的新的比赛项目，主要包括武术、赛龙舟、摔跤、木球、射箭、舞龙、舞狮等。

（4）祭祀、节日文化、传统习俗。节日文化、传统习俗具有浓郁的民族色彩和地方特色，是在漫长的历史长河中逐渐发展起来的，具有鲜明的历史性、地域性、传承性。尤其是我国的少数民族，祭祀活动、节日活动、传统习俗活动更是丰富多彩，花样繁多，当前有相当数量的项目至今仍是以祭祀、节日文化、传统习俗为背景开展的。例如，龙舟竞渡、顶杠、斗牛、布鲁等。

3.按民族传统体育项目的特点分类

这种分类方式借鉴了西方现代体育的分类方法，现代体育可根据项目的特点分为田径、球类、体操、水上、冰上等，我们同样可以根据民族传统体育的项目特点，按照现代体育的分类方式进行分类。

（1）球类：马球、藤球、毽球、锤丸等。

（2）摔跤类：角抵、相扑等。

（3）水上类：龙舟竞渡、游泳等。

（4）冰雪类：冰嬉、滑冰、滑雪等。

（5）武术类：太极拳、八卦掌、形意拳等。

（6）舞龙舞狮类：舞龙、舞狮（包括南狮和北狮）。

（7）棋牌类：围棋、中国象棋等。

（8）骑射类：赛马、射箭、射弩等。

（9）其他类：叼羊、秋千、抢花炮等。

4.综合分类法

在民族传统体育学成为体育学下二级学科之前，武术曾作为民族传统体育学前身发展40余年，学科建设相对完善，学科理论也相对全面。在民族传统体育学建立之后，出现了武术发展较好、其他项目发展相对薄弱的情况，这在现实中是普遍存在的。为了实践和发展的需要，我们通常采用一种比较综合的方法对民族传统体育进行分类研究。

（1）武术：武术历史源远流长、内容博大精深，且发展相对完善，学科建设程度也比较好。在现实生活中，武术也具备强身健体、休闲娱乐等各项功能，所以，为了工作实践需要，我们通常把武术单列出来分为一类。

（2）传统智力棋牌类：包括围棋、中国象棋等。

（3）民俗民间体育：在本书中是指区别于武术，在各民族、民间活动中广泛存在的体育项目。包括个体和群体的、竞技性的和表演性的项目。

第二节　民族传统体育的基本特点

一、民族性

人类的族别从特定的地域中产生，聚居于一定的时空条件下的民族可创造出自身的民族文化。一个民族总有一些区别于其他民族的风俗习惯和生活方式的特点，这些习惯和特点最终升华为代表民族的标志。

民族性是指民族传统体育的形成与发展过程中各民族社会生活的综合反映，是对于特定的文化类型的最高层次的概括，是一个民族的群体品格，具有鲜明的民族特性。中华民族是一个多民族的国家，民族传统体育也是不同民族在长期的生产实践和社会活动中创造出来的，带有鲜明的民族烙印。任何一项民族传统体育都与本民族所处的地域环境、生产生活方式，以及民族宗教信仰、价值观念等有着千丝万缕的联系。

自古以来，我国民间游戏与竞技在发生后的流传演变过程中，因受不同民族和地域的制约，保持了较为明显的特征。也正是由于民族传统体育具有独特的民族性，才使本民族人民在体育的实践活动中不断认知祖先所创造的历史文化，让人们产生强烈的民族自豪感，使民族传统体育成为培养民族认同感和民族精神的有效形式。如蒙古族的那达慕大会、白族的人拉人拔河、苗族的接龙舞等，都能使人从中体会到强烈的民族认同感。

民族性不仅是体育民俗鲜明的形貌特征，也是它活动内容和精神底蕴的突出特征。民族性就是一个民族的群体品格。大多民族传统体育都是经过几十年、几百年，乃至上千年的传承，不断融进了其他民族体育民俗和文化因素。这从许多民族传统体育项目的形成与发展中可以看到不同民族生产、生活的影子。如前面提到的蒙古族，"那达慕"就是蒙古族人民适应生活的需要而产生的。"那达慕"蒙古语是"娱乐"和"游戏"的意思，那达慕大会的主要内容有摔跤、赛马、射箭、赛布鲁、套马、下蒙古棋等民族传统体育项目，而其中的摔跤、赛马和射箭并称为蒙古那达慕三艺，可以说这些项目都与蒙古族人民的生活紧密相连。因此，民族传统体育带有显著的民族特色。

我们可以从两方面理解民族传统体育活动中所表现的民族性。一个是对民族英雄的崇拜。在历史的长河中，各民族都有许多受到人们热爱的英雄人物，他们对各自民族的生存与发展产生过重大的影响。因此，人们利用竞技娱乐等活动形式以示纪念。

二、传统性

张岱年先生指出：文化发展的一个基本规律是文化的积累性和变革性。每一代都会在继承前人文化知识的基础上，增加新的知识内容，即文化的积累性；同时，文化又随着社会经济、政治的变革发生变化和更新，即文化的变革性。当人们考察历史文化的积累和变革时，会发现一些相对稳定、长期延续的内在因素，它们在文化积累中一再被肯定，在文化变革中也仍然被保留，因此把这样的东西称为传统。作为一种观念形态的文化，传统总是处于一种不断产生又不断淘汰的过程中。从这个意义上来说，并不是所有的在历史上出现过的文化都可称为传统文化，只有那些具有重要价值、具有生命活力并得以沉淀、保存和延续下来的文化才称之为传统文化。同样，民族传统体育作为中华民族传统文化中的一颗璀璨明珠，也是历史的结晶，是鲜活的生命。它具有传统延续与继承的优势，虽然在其发展、演变过程中会经过种种变革，或扬弃、或丰富，但它始终保留着传统的特点。

三、历史性

作为一种传统文化，民族传统体育具有历史性。所谓历史性是指民族传统体育文化经过长时间的发展和传承，包括历史上存在、现在仍完整地保留着的民族传统体育文化。现代社会产生的体育项目、体育手段即使具有一定的民族特色，我们也不能称之为民族传统体育。民族传统体育的发展进化是各民族历史发展的必然。民族传统体育不是一种单一的文化，而是各种文化交融构成的复合体，随着历史的变迁，其文化内容的增量或减量会引起文化系统结构、模式或风格的变化。有些民族传统体育项目由于环境的变化消亡或流变，但部分项目诸如武术、摔跤、秋千、风筝、龙舟、射弩、舞龙（舞狮）、赛马等，因具有生命活力而得以沉淀保存，并在延续中发展，发展中延续，成为了我国人民喜爱的传统体育项目。

四、文化性

中国民族传统体育是我国宝贵的文化遗产，作为世世代代中国民俗风情的信息载体，蕴涵着丰厚的历史文化信息。它渗透于神州大地的各个领域，贯穿于中华民族复杂多变的五千年发展历程，凝聚了卓越创造精神。它不仅体现了一种民俗文化性，也体现了华夏民族的审美情趣，它富有浓郁的民族特色，散发着清新的文化气息。在历史发展长河中，民族传统体育同民族文化、民族风俗一样，与各民族地区人民的政治、经济、文化生活息息相关，体现了浓郁的民族文化性，我们通过中华民族传统体育的舞龙活动就可见一斑。舞龙运动作为龙文化的主要表现形式，是大的"龙文化"背景下，经过人们不断加工和创造，发展至今的一项形式完美、内容丰富、表演技巧高超并带有浓郁民族色彩的体育竞技运动项目。它源于原始图腾和祭祀舞蹈，但又从根本上超越了任何一种原始图腾和祭祀舞蹈，从基于狭隘血缘关系的民族文化象征，逐步升华飞跃为多元一体的中华民族文化象征，充分体现了中华民族的精神内核。因此，舞龙运动几千年祖祖辈辈在炎黄子孙中传承，它所反映的更多是龙文化的传承，通过舞龙运动使广大民众在舞龙中体验到对华夏民族一定程度的亲切感、归属感和欣慰感。在世界各地，有华人的地方就一定有舞龙的传统习惯。舞龙运动已经成为炎黄子孙的独特的文化行为方式，人们通过舞龙把中华民族几千年优秀的文化传承下来，并不断地被后代复制，由此保持华夏文明的延续性，同时也通过舞龙这种形式使他们与自己的民族保持认同。

中国民族传统体育是中国传统文化的重要组成部分，它不仅是中华民族的象征，而且是中华民族大团结的象征，更是中华民族凝聚力的象征。也正是由于中国传统文化的渗透和影响，才使民族传统体育彰显出"刚健有为""中庸思想""崇德利用""天人协调"等文化特征，从而形成了与当代西方竞技体育完全不同的体育思想和方法。

五、传承性

传承性是指民族传统体育文化在时间上流传的连接性，即历史的纵向延续性，同时也是民族传统体育的一种传递方式。美国文化学家爱尔乌德在20世纪20年代所著《文化进化论》一书里写道："文化是由传递而普遍遗留下去的，并且渐次连接于语言媒介的团体传说中。"因此，文化在团体中，是一种累积的东西，而文化对于个人则是一种和同伴交互影响后所获得或学习的思想行动的习惯。

文化包括人控制自然界和自己获得的能力，因此一方面它是包括物质文明，如工具武器、衣服、房屋、机器及工业制度的全体，另一方面是包括非物质的或精神文明，如语言、文学、艺术、宗教、仪式、道德、法律和政治的全体。任何文化一旦形成，就会在它的产生土壤中形成自身的活动规律和惯性，并在历史的发展过程中体现出顽强的传承性。因此，传承性也是民族传统体育的主要特点之一。自产生伊始，民族传统体育能跨越历史的长河流传至今就是依靠传承的力量，它通过特定的社会关系和社会要求来实现，特定的社会关系和社会要求规定了人们对于文化遗产选择的自由度，也规定了先哲们对于先进思想进行诠释的性质。

文化的传承应该包括两部分，即物质的传承和非物质的传承。物质层面传承如武术的器械、兵器以及龙舟等；非物质层面传承是通过口传身授的方式进行传承，如以身体动态的肢体符号传承，如武术套路、拳种流派传承。总体上讲，民族传统体育的传承方式概括起来主要有群体传承、家庭（或家族）传承和社会传承。对于群体传承，在我们的民族传统体育项目中，有相当数量的门类或形式是为群体所创造和拥有，通过群体传承的方式世代相传至今的。如在各种风俗礼俗、岁时节令以及大型民俗活动中所保留的民族传统体育活动的影子就是"群体传承"，而这种传承方式也可以叫作"民间记忆"或者"群体记忆"。岁时节日中所传承下来的民族传统体育有很多，如元宵节的舞龙灯、清明节的踏青、端午节的划龙舟、重阳节的登高等，这些传统节日中所保留下来的民族传统体育活动就充分体现出了群体传承的特点。而所谓家庭传承和社会传承，则主要表现在一些专业性、技艺性比较强的项目中，它是指在有血缘或模拟血缘关系的人们中间进行传授和修习。这两种传承方式的共同点是都有赖于熟练的传承人才能得以传承和延续，下面我们以武术中较为典型的太极拳的传承关系为例，来探索武术师徒传承方式的基本特征。

传承性的关键是传承人，一名杰出的传承人应该是在继承民族传统体育文化中有能力做出文化选择和文化创新的人物，他在民族传统体育的传承、保护、创新、发展中，起着引领和标志性的重大作用，会受到民众的尊重与传诵。比如，太极拳的传承人杨露禅先生，他不仅传承了陈式太极拳古老的基本内容，而且创编了杨式太极拳，为太极拳的普及发展做出了重大贡献。但是我们也应该意识到，民族传统体育作为一种非物质文化的存在形式，不像物质文化那样有所凭依，而是"像雾、像雨又像风"，飘忽不定，某些领域或项目又往往会因传承人的死亡而自生自灭，尤其在社会发生急剧变化的情况下，民族传统体育的生存空间受到了极大的挑战，如当今的全球化、现代化浪潮以及新型文化产业的异军突起，常常容易使民族传统体育出现传承链的中断，甚至在不经意中就会消失于历史的烟尘之中。

因此，重视民族传统体育的传承性，不仅是维系民族传统体育生存与发展的生命线，而且是唤醒文化认同和弘扬民族精神的活的记忆。民族体育文化既是被传承的，也是被不断发展和创造的，它要从根本上适应民族发展的内在需求，这也是民族文化得以发展延续的内在规律。一种民族体育一经形成，就会具有一定的稳定性和延续性，并代代延续，这种传承性对维系一个民族的凝聚力和趋同意识具有很大的效应。在民族传统体育的漫长历史传承过程中，受多种因素的影响，其目的、方法、手段等也常常会发生各种变化。

六、交融性

随着社会的进步和文明程度的提高，不同文化模式与类型的相互碰撞、交流以及民族之间相互渗透，民族文化进一步融合，民族产生时所具有的共同地域、血缘关系等都发生了不同程度的变化。因此，人们在进行体育活动的同时，便将各民族许多传统的体育项目相互交融，共同学习，最终达成共识。这种现象被某些学者称为"文化凑合"，它体现了民族体育发展规律中的一种共融性特征。

　　每一种民族传统体育项目最初总是从某一地区、某一民族中首先发展起来，而后随各民族文化交流逐渐被具有相同自然条件的民族接受和改造的。以龙舟比赛为例，最初起源于古越人，后来由于古越文化和长江中游文化的往来，逐渐扩展到我国南方大部分省区。据统计，仅地方史书对龙舟活动有详细记载者就多达数百条，涉及我国南方 15 个省区。其他如马球、秋千、骑术、武术、气功、围棋等项目也都是各族人民共同创造的结果。在民族体育融合与交流过程中，不断发展和创造出了一些新的项目。如清代乾隆年间满族人就把足球与滑冰结合起来，发明了一种称为"冰上蹴鞠之戏"的冰上足球，作为禁卫军的训练内容。另外，把射箭与马术结合，出现了骑射；把球技与马术结合，发展出马球；镖技与游泳相结合发展出了水球等。

　　民族传统体育的交融性还表现在文化和艺术的相互融合上。我国各少数民族能歌善舞、能骑善射，产生了技击性和艺术性相统一的传统体育项目，既强身健体又愉悦身心，达到了健、力、美的和谐统一。黎族有传统体育项目"跳竹竿"，击竿者跪、蹲交替，节奏越打越快，难度越来越大，跳竿者随竿的分合与高低变化灵巧地跳跃其间，展现出各种优美的姿势。这就要求参与者不仅具有良好的身体素质，还要具备较高的音乐和舞蹈素养。这些因素的相互交融构成了民族传统体育丰富多彩的内涵。

七、多样性

　　体育文化的多源发生、多向发展、多元并存和多样性统一是人类体育文化发展的常态和规律，多样性是中华传统体育文化的一个重要特点。由于我国地域辽阔、风俗各异等因素的影响，民族传统体育的起源也呈现出多元的价值取向，形成了多种学说模式，如生产劳动起源说、军事战争起源说、娱乐休闲起源说等，这些活动原始形态的差异，也必然使民族传统体育无论是在形式，还是在内容都具有了多样性的特征。比如，武术运动就很有代表性，它的内容丰富，形式多样，已成为民族传统体育中的重要内容。就武术的内容而言，我们可以按照运动形式将其划分为武术功法运动、武术套路运动和武术格斗运动；还可以根据拳种的风格和类别的不同，分为有长有短、有刚有柔、有单练有对练、有徒手有器械的武术运动，可以说风格不同，各有特色。再拿流行于许多民族的"秋千"运动来说，其内容和形式的多样性也决定了民族传统体育具有广泛的适应性，使参与者有了更大的选择空间，它的场地和器材与日常的生活和生产劳动紧密结合，规格要求不高，既方便又实用。一般来说，秋千不需要专门的或特殊的场地，而且器材能够就地取材或直接借用生产工具，所以很方便。南方多产竹，跳竹竿或爬杆（竿）可就地取材；扁担是生产工具，顺手拿起来就能打扁担、扭扁担；牧区一般都骑马放牧，因此，赛马、马术、叼羊、姑娘追很容易开展，这类例子俯拾皆是，不用赘言。

另外，从民族传统体育活动的参赛人数以及活动的空间上也都能体现出多样性的特点。民间竞技项目数量众多，范围广泛。从参赛人数看，有单独显身手的，有两人对垒的，也有多人参与的。从竞赛的空间看，有室内竞技，如各种棋弈；也有室外竞技，如踢毽子、跳绳、射箭、赛马等。从有无道具划分，有的使用各种兵器或日常生活器物表演奇巧技能，有的则单独进行精彩表演，如猜拳、拇战、摔跤等。民间竞技是活动范围最广、参加人数众多的群众生活文化，是我国民俗文化中光彩夺目的一项内容。

八、地域性

一定的地域是一个民族长期繁衍生息的空间条件，许多民族传统体育活动都是在一定的自然与人文环境下孕育产生的。我国地域辽阔，民族众多，语言复杂，民俗丰富，历史悠久，而且南方与北方由于水土条件的差异，使生产内容、饮食结构也存在较大的区别。一定的区域，因其自然环境和周边环境的不同，其社会环境必然会有所差异，这种差异也会反映到在该区域繁衍生息人群的文化心理中，又从一定生产、生活等文化现象中凸现出来。俗话讲"百里不同风，千里不同俗""一方水土养一方人"，说的就是地域文化对当地人民的民俗文化生活起着十分重要的作用。民族传统体育作为中华民俗活动的重要组成部分，必然会受到当地自然环境和社会环境的影响，这些差异构成了民族传统体育鲜明的地域特征。关于这一点，在钟敬文先生主编的《民俗学概论》中也有提道："北方天高地阔，人们的生产简陋，生活朴野，在与大自然的严酷斗争中培养了尚武精神，因此赛力竞技游戏发达，如摔跤、角力、驰逐、拖冰床等；南方山环水绕，气候温和，农业精耕细作，物质条件优于北方边地，人们性格柔和、灵巧，富于想象，擅于智能游戏和技巧游戏，如猜谜、对联、斗茶、弈棋等。当然，这种区分是概略性的，南北游戏交叉共生的也为数不少。除南北两大地域差异外，还存在着山乡与水滨、高原与平野的区别，游戏娱乐因地制宜，如山乡的竹林竞技、水畔的水戏、高原的骑射、平原的登高等。"按照文化生态学的观点，文化形态首先是人类适应生态环境的结果，任何一个民族文化的形成不可能脱离人类在时空上所处的特定地理形态和自然环境的影响。也正是由于这样的原因，才产生了"南人善舟，北人善马"的说法。南方气候温和，江河众多，水域较多，因此产生像龙舟这样的水上民俗体育活动也就成为可能；而在北方牧区，草原辽阔，以骑马放牧为主要的生活方式，因此，赛马、马术、叼羊等就很容易开展。然而，正如前文所提到的，即便是各地各民族较为普遍的龙舟竞渡习俗，在竞渡的时间以及纪念的人物上也有不同。我国绝大多数地方的龙舟竞渡是在农历"五月五日"端午节这一天为了纪念伟大的爱国诗人屈原（当然前面已经提到各地各民族有关龙舟竞渡的传说还有很多）举行的，而在竞渡的时间安排上也是各不相同。有的地方是在正月十五元宵节划龙舟；福建仙游县划龙舟是在农历三月三十日，它是纪念誓死不投降元兵，背着宋代最后一个小皇帝投海殉国的宰相陆秀夫而举行的。这样看来，我国历代以来各地由于民情风俗不同，无论是划龙舟的时间，还是所纪念的人物也都各不相同。

综上所述，自然环境在民族传统体育发展的初始阶段起着决定性的作用，它体现出民族传统体育对地域环境的适应性和选择性。而纵观民族传统体育的发展，也恰恰体现了地域性这一特点。

九、娱乐性

纵观我国民族传统体育，就其基本的价值功能来看主要是以强身健体为目的的表演性、娱乐性项目居多。这些活动大都安排在民族节日活动中进行，欢庆丰收、欢度佳节、闲暇消遣，将体育寓于娱乐之中，扩大了欢快的氛围。可以说，中国的传统节日与许多民族传统体育都有着千丝万缕的联系，许多民族传统体育项目就是在民间传统的节日娱乐中得到传承与延续的；而从另一个角度看，也可以说民族传统体育活动极大地丰富了民间传统的节日文化。比如，具有浓郁农耕文明色彩的秧歌就是在农业生产的过程中寓娱乐于身体运动中的一种活动形式。秧歌起源于中国唐代的插秧耕田的劳动生活，是我国汉族具有代表性的一种群众自娱性民间舞蹈活动。李调元在《南越笔记》中描述秧歌的早期形态时说："农者每春时，妇子以数十计，往田插秧，一老槌一大鼓，鼓声一遍，群歌竞作，弥日不绝，为之秧歌。"这些早期的记载说明秧歌最初就是一种自娱自乐的活动，在农闲时节，通过秧歌来抒发自己乐观、喜悦的情感。另外，民间传统的节日、社火、行香走会等民间的娱乐活动，也成为民族传统体育的重要载体。

第三节　民族传统体育的功能与价值

民族传统体育作为我国各民族传统文化的重要组成部分，在漫漫的历史长河中不断进行传承和发展。作为一项体育运动，它具有满足个体健身娱乐、锻炼身心和促进社会和谐的作用；作为一种文化形态，它是一个民族经济、政治、教育、科学、文化相互作用、相互渗透、同步发展的产物。从生产劳动、宗教祭祀，到军事活动，再到闲暇娱乐，发展至今又进入了学校、体育赛场、表演舞台，在不同的历史阶段和不同的社会环境下，民族传统体育表现出了不同的价值功能。随着人类社会的发展和民族文化的相互交融和渗透，民族传统体育功能已经向多元化的方向发展，具备了多重的社会功能和实用价值。

一、健身功能与价值

任何体育运动都是以身体活动作为外在表征，强调身体的直接参与，通过对身体一定生理负荷的附加，最终促进人的体质改善和体能发展。民族传统体育也不例外。

事实上，民族传统体育在产生初期，并非是以健身为主要目的的。民族传统体育从生产劳动、军事活动中产生，随着社会生产力的不断发展，劳动或战斗对体力或体能提出了更高的要求，健身渐渐成为人们的自觉追求。在历史的发展中，有许多民族传统体育项目并非作为一种健身或体育项目存在，而是一种娱乐方式。但随着社会的进步与发展，人们对健身的需求也越来越明显，这些具有鲜明民族特色和文化底蕴的传统体育项目便成为人们健身的首选。尤其以武术中的太极拳最具代表性，除此之外，目前很多民族传统体育项目已经成为全民健身中的生力军，如抖空竹、花毽等。因此，强身健体就成为其主要的功能之一，参与运动锻炼能促进有机体的生长发育，提高运动能力，改善和提高中枢神经系统的机能，调节人的心理，提高人体对环境的适应能力。

在我国少数民族运动会中开展的竞技项目，如木球、珍珠球、蹴球、毽球、押加、秋千、花炮、射弩、马术、武术、龙舟、陀螺等16个竞赛项目对身体素质有着较高的要求，能全面提高身体的各项机能。而像拔河、打手键、跳绳、跳皮筋、爬杆、荡秋千等，以及其他具有民族特色的各种娱乐游戏类活动作为健身的手段，则更适应广大群众进行锻炼，经常参与这些运动，可以增强体质，达到强体健身的目的。

民族传统体育不仅可以强体健身，而且可以修身养性，促进身心的全面发展，提高生命的质量。联合国计划署在《人类发展报告》中指出："人类发展是一个提高人们生存机会的过程，从总体上说，健康、长寿、接受良好教育和生活幸福美满是人类发展的基本标志。"[①] 倡导"娱乐、健康第一"，通过愉快而健康的身体活动来提高人们的生活质量，是现代体育发展的新趋势。而民族传统体育中的"导引养生术""五禽戏""八段锦""太极拳"等成为人们健身、修身养性最好的方法以及最具实效性的健身运动。

民族传统体育为全民健身活动的开展提供了丰富多彩的练习形式和方法，展现了无限的发展空间，它与全民健身事业的统一，是民族文化与体育文化发展的价值回归。

二、娱乐功能与价值

民族传统体育是一种以娱乐身心为主要目的的活动，它着重于人的身心需要和情感愿望的满足，不以高超复杂的技艺对应大众，而是以自娱自乐的消遣性与游戏性的活动方式迎合广大公众，使人们在这些娱乐性的活动中可以直接得到令人愉快的情感挥发。从简单易行、随意性较强的项目，到技艺精巧、有严格规则的竞技，从因时因地、自由灵活的娱乐嬉耍，到配合岁时节令的民族体育，把民族体育融于宗教礼仪、生产劳动、欢度佳节、喜庆丰收之中，将民族体育与文化艺术形式、民族舞蹈等融合在一起，使民族传统体育活动的娱乐性体现得更加充分。

民族传统体育活动以其独特的魅力、积极健康的文化娱乐方式以及其观赏性吸引更多的人参与，并成为人们休闲生活中的重要内容。一次体育活动的举行，往往会成为民族的盛会。比如，2003 年第七届全国少数民族运动会在宁夏回族自治区银川举行，共有 34 个代表团，参赛人数近万人，规模较大，是民族情感和文化交流的盛会。元宵观灯民间游戏活动的内容非常丰富，舞狮子、舞龙、踩高跷、跑旱船、扭秧歌等难以计数。这些游戏活动在流传演变过程中不断丰富发展，形成了独特的风格和娱乐形式。民众以观赏

---

① 胡小明.新时期体育社会功能的转变——三论体育文化属性的皈依 [J]. 体育文化导刊 2003（3）：3-5.

此类文娱、体育表演而取乐，不仅拓宽了社会交往，增进了相互间的情感交流，而且形成了积极向上、乐观开朗的心理状态。其他如拔河、舞龙、秋千、打手毽等项目，也都具有相当的娱乐成分。

随着社会的迅速发展，生活节奏不断加快，人们承受的生理和心理负荷愈加沉重，为了解除神经的紧张和肌肉的疲劳，可通过参加各种民族体育活动的锻炼，求得一种精神享受和超越自然的感觉，从而达到愉悦身心的目的。民族传统体育有自娱和他娱的功能，已成为一种"快乐体育"，在现代社会生活中，以突出娱乐性作为主要目的，用培养健康身体的方式提供快乐，在新时期发挥着重要的作用。

三、教育、文化传承功能与价值

体育运动本身"是一个很有说服力的教育手段，对整个社会的教育作用是非常广泛、非常深刻的"[①]。在我们的现实生活中，体育教育往往能够影响人们的价值观、伦理道德观、审美观以及行为模式。

在我国，民族传统体育从产生到发展始终与教育有着密切的联系。民族传统体育作为教育的内容和手段，在历史发展过程中发挥了积极而重要的作用。在人类的早期教育中，民族传统体育是通过娱乐游戏、舞蹈等身体活动的方式来实现的，在没有文字和书本的时代，这种教育靠口传心授以及模仿来传授知识，它具有早期启蒙的功能。据《中国古代教育史》记载："人们除了在生产实践、劳动活动中受教育外，又在政治、经济和文体活动中受教育，他们利用游戏、竞技、舞蹈、唱歌、记事符号等进行教育。"西周时"礼、乐、射、御、书、数"六艺成为学校教授的内容；战国时期，教育家孔子将"礼、乐、射、御"等与体育有关的内容列入了教育的范围；唐代创立了武举制，设武举科考试，设有骑射、步射、举重等项目；宋代的"武学"、明代的"武备"课堂，将武技作为教育的内容；近代，以武术为主体的民族体育被列为学校体育课程；进入现代以后，民族传统体育在学校教育中得到了前所未有的发展，一些高等院校武术对民族传统体育专业的学生开设了武术、八段锦、五禽戏等专业课，同时摔跤、围棋等也作为民族体育项目的教学。另外，骑竹马、跳山羊等也被编入幼儿园和小学的体育课，还有一些传统体育项目如荡秋千、毽球、木球、蹴鞠等也被一些地区列为课外体

① 全国体育学院教材委员会.体育概论[M]北京：人民体育出版社，1989：56.

育锻炼项目。把民族体育的教学融入学校体育教育中，丰富和充实了教学内容，激发和调动了学生参与练习的积极性，培养了人的坚强的意志和团结、合作、勇敢等精神，有利于继承、发扬中华民族谦虚、善良等传统美德。由此，民族传统体育也成为培养民族认同感和民族精神的有效形式，在文化传承过程中，体现着自身的教育价值。

四、竞技功能与价值

竞争是现代人类社会发展的主旋律，竞技也是现代体育的基本特征，体育正是通过竞技、较量、比试等形式进行表现。运动员也只有通过竞技比赛与他人进行较量后，才能检验自己的真正实力。许多民族传统体育项目都要进行同场竞技，有的还要有直接的身体对抗；还有的一些项目虽然不是对抗性项目，但是仍然需要在事先约定的规则和标准的前提下一比高下，分出胜负。正是因为民族传统体育的这种竞技功能，才使民族传统体育项目更具观赏性。有些项目正是在历史发展过程中通过制定相应规则体系，进行竞技比赛的运动形式改造，才能成为今天的民族传统体育中的一员，否则只能称作娱乐、仪式或表演而已。当前，国际体坛上的竞技角逐已成为世界各国在综合国力上的激烈竞争中的精彩一页，体育上的竞技体现了民族的体力、智力以及国力的比试，体育与国家形象的建构形成了契合，如以武术为代表的民族传统体育项目已经步入世界体坛并正在为进入奥运会做出努力。以后越来越多的民族传统体育项目将出现在世界体育的竞技舞台。竞技是当前民族传统体育的重要功能，也只有通过竞技，民族传统体育项目才能成为世界各国体育文化交流的重要内容。

五、促进社会经济发展的功能与价值

民族传统体育活动内容与生产、生活方式密切联系，它以经济活动方式为基础，为民族主体强化其利益动机提供了条件。民族传统体育资源丰富，呈现出地域性、主体化、广布性的特点，利用民族传统体育资源建立本地域特色经济，对推进民族地区经济的发展有着特殊的价值。开展民族传统体育可以加速体育产业的发展。比如，建立民族体育的竞赛表演市场、健身娱乐市场、民族体育用品市场等，组织精彩的民族项目比赛活动，设立竞赛场地的广告和电视转播，取得一定的经济效益；拓展人们文化教育体育消费、健身娱乐消费的空间，提升和丰富民族传统文化，满足人们日益增长的健康消费需求；建立生产与民族体育服饰、活动器材等有关的经济实体，促进民族体育用品的制造与销售的发展。另外，可将具有区域民族特色的民族体育与旅游有机结合在一起，作为体育旅游资源来进行开发，拉动区域性整体经济的发展，使经济效益和社会效益得到更好地体现。

六、培养认同感、增强民族凝聚力的整合功能与价值

在民族发展过程中，随着时代与社会的变迁，民族之间的融合、民族产生时所具有的共同地域及血缘关系与文化等都可能发生不同的变化，人们对于这一个民族存在和发展的态度就构成了民族的认同。民族传统体育活动起着使本群体、本民族认同的作用。如每年端午节举行的龙舟竞渡，其发生基础本是龙图腾崇拜的遗存形式，但在其传承过程中，增加了纪念某一人物这一内容，他们多是一个凝聚着中国传统伦理道德和价值观念的著名历史人物，使子子孙孙的认同感得以更好地实现，使人们产生强烈的民族自豪感和自信心，从侧面增加了民族的向心力、凝聚力和号召力。又如，舞龙、舞狮、踩高跷、赛马、拔河、斗牛、摔跤等活动，多是以集体为参赛单位，参与者除具有强烈的竞争心外，还具有集体荣誉感，因此通过参加集体性的民族传统体育运动，培养了团结、协作精神，使人们的群体意识得到加强，也对增强民族认同感、凝聚力起着重要的作用。它以极大的吸引力、聚合力，使成员态度和行为在存在个体差异的前提下，集聚于一定的文化运动轨道，整合为一种具有文化现象的运动势态。

民族传统体育作为一种文化载体，起着民族间相互联系和交流的桥梁与纽带作用。中华人民共和国成立后，党和政府高度重视民族工作，为加强民族间体育文化交流，先后举办了多届全国少数民族传统体育运动会，比赛规模、参赛人员日益扩大，各民族欢聚一堂，振奋了民族精神，促进了民族团结，极大地推动了民族事业的发展和繁荣。进入 21 世纪，中华民族正在实现伟大复兴，作为一个多民族的社会主义国家，如果没有民族地区生产力的解放和发展，就不可能取得中国特色社会主义现代化建设的全面胜利，因此，加快民族地区体育事业的发展，大力开展民族传统体育活动，对增强民族团结、政治统一，实现富民、兴边、康体、强国、睦邻具有十分重要的意义。由此可见，民族传统体育对促进社会的进步仍然发挥着重要的功能和作用。

第二章 高校民族传统体育教学的理论思考

第一节 高校开展民族传统体育教学的现实意义

民族传统体育项目内容多样，有很多项目适合在普通高校中开展，但从众多普通高校的开课现状不难看出，丰富的民族传统体育并没有被充分利用，似乎被武术这一项目代替。即便是像跳绳、毽球、拔河这些项目也只是在体育课中作为自由练习的内容而存在。民族传统体育应该走进高校体育课堂，发挥其特殊功能，这对继承和弘扬民族传统体育文化具有重要的现实意义。

一、有利于民族传统体育的发展

学校是现代体育的摇篮，是原始体育形态走向规范化、科学化、普及化的重要途径。无论是足球、橄榄球还是体操等项目，大多数游戏在近代都经历了以学校为中介向高水平竞技项目发展的过程。日本和韩国的柔道、跆拳道代表亚洲首次进入奥运会绝不是偶然的。两国的成功经验，告诉我们：第一，致力于学校的长远发展，狠抓普及工作；第二，建立高校的科学管理体系；第三，加大宣传力度，国内外并举，出版专业刊物，提供优良的活动场所；第四，重视身体和精神的教育；第五，简化规则，利于操作。从中给我们两点启示：第一，学校是开展高校民族传统体育的最佳场所，应常抓不懈；第二，根据时代要求对高校民族传统体育进行再创造和深加工，使之能符合当今世界体育的发展规律和特征。借鉴日、韩两国的成功经验，依托学校来发展民族传统体育，逐步走向科学化、规范化、社会化和国际化，把东方古老的民族传统体育运动融入高校体育运动中，使其生根发芽。

二、有利于促进民族团结和增强民族凝聚力

（一）有利于强化民族团结意识

普通高校是传承和弘扬民族体育文化的绝佳场所，将民族传统体育纳入体育课教学内容，无疑是一种对民族体育文化传播的直接途径。这对大学生民族情感的培养、民族团结意识的强化起到不容忽视的作用。民族传统体育因地理环境和生活民俗的不同，导致其运动形态具有浓郁的地方特色和文化特征，具有较强的感召力和吸引力。大学生是国家建设的主力群体，具有较高学识能力和较合理的知识结构体系。通过积极参与民族传统体育活动，接受不同民族的体育文化知识，从而了解不同民族的生活习俗，这是对民族团结意识培养的有益途径。因此，在高校体育中开展民族传统体育，一方面丰富课堂教学内容，更重要的是能使学生通过体育形式对少数民族的文化深入了解，产生认同，进而培养民族团结意识。

（二）有利于增强民族凝聚力

民族传统体育是我国体育事业中一个重要组成部分，它对我国现代社会的文明和进步有着不可忽视的影响力。按照马克思主义的观点，人是生产力体系中最活跃的因素，这个因素能否发挥作用，是由人的最基础的素质决定的，即国民综合素质。学生的身体素质和智力素质是自身综合素质的基础。因此，从开展高校民族传统体育，增强高校学生体质，是进一步提高高校学生综合素质的必要条件之一。高校民族传统体育是一种具有民族特色和文化集一身的体育项目，它重视学生身心需要和情感愿望的满足，并以普通的、自娱自乐的消遣性与游戏性特征适合于学生的需要，它对于振奋民族精神，维系民族情感，增强民族凝聚力和向心力有着显著作用。因此，从开展高校民族传统体育出发，对增进民族团结、促进社会的进步与发展具有重要意义。

三、有利于丰富体育课堂教学

民族传统体育以其独特的运动形态存在，在课堂中不仅能够丰富教学的

内容，而且也为在校大学生增加了选修课的范围。目前，大学体育课教学计划并为贯彻四年《学校体育工作条例》规定：大学一二年级必须开设体育课，大三以上作为选修来开展。另经观察，像田径、球类等项目是高校体育中的主要教学内容，其中也贯穿一些趣味游戏，而且有些高校还以这些项目为达标测试的考试内容。根据地域条件，在体育课中增加民族体育内容，使学生了解丰富的民族传统体育文化，这不仅能丰富课堂的学习内容，而且还能激发学生积极运动的情绪，从而使学生能够在参与少数民族体育活动中锻炼身体，愉悦身心。另外，众多民族体育项目以游戏形式为主，娱乐参与度高，具有较浓的活动氛围。广西民族学院自 1993 年正式将民族传统体育列入公共体育和体育专业的教学内容，通过实践证实，学生对民族传统体育有极强的心理倾向性，尤其是对陌生的民族传统体育文化有浓厚的兴趣。由此可见，诸多民族传统体育的内容独特，很有必要在高校体育课堂中开展。

四、有利于推动学校体育教学改革

长期以来，高校民族传统体育始终推动着学校体育教学改革，主要表现在：①学校体育教学沿袭运动技术为主的传统，那些规则严密、技术要求高的竞技运动项目始终贯穿于学校体育教学中，使体育教学严肃有余，活泼不足，天性好动的学生感到枯燥无味；②高校民族传统体育的健身性、娱乐性、观赏性、浓厚的趣味性、广泛的群众性以及所特有的中华传统体育文化特征，重娱乐表演、轻竞技的价值等，加之项目繁多、内容极为丰富、运动形式多样，且不受场地、器材的限制，规则简单、便于操作的特点，更适合学校体育教育；③高校民族传统体育能较好地体现有民族特色或地域特色的多民族文化，更多地感受到多民族、大家庭丰富多彩的文化生活；④高校学生体验着不同运动方式带来的参与乐趣，从而把快乐体育、健康体育、终身体育的理念始终贯穿在整个体育教学中，为提高学生身心健康水平，树立良好的体育意识和观念，形成终身锻炼的习惯，为终身体育思想奠定坚实的基础，促进学校体育与社会体育接轨。

五、有利于落实"终身体育"教育思想

"终身体育"教育思想是学校体育教育的指导思想。学校体育教育的目的之一就是让学生掌握体育知识和技能，并使学生养成终身体育锻炼的良好习惯。目前学校体育教育与社会体育之间出现严重脱节，连续性不够。有绝

大部分人是工作之后才意识到健康的重要性，开始寻求适合自身的体育项目来健身。课堂体育教学是终身体育习惯养成的关键环节，因此学校体育教育如何与社会体育接轨，落实"终身体育"教育思想，这是 21 世纪社会发展对体育教育的新要求。国家教委曾在《全国普通高等学校体育课程教学指导纲要》中明确指出："弘扬我国民族传统体育，汲取世界优秀体育文化，体现时代性、发展性、民族性和中国特色。"由此可见，学校体育是培养在校学生树立终身体育思想意识，养成经常参与体育锻炼习惯的关键时期。民族传统体育内容可谓丰富，适合在高校体育中开展的很多，而且多数少数民族体育项目趣味性强，对学生具有较强的吸引力，能够促进学生参与体育锻炼的积极性。少数民族体育项目具有特殊的魅力，在高校体育课中开展能够为学生提供更多愉悦身心的健身项目，在参与中体验到体育锻炼的快乐，这也是落实"终身体育"教育思想的最好途径。

六、有利于提高高校学生的综合素质

学校体育作为学校教育的重要组成部分，在实施素质教育中具有其他学科不可替代的作用。高校民族传统体育是体育的重要组成部分，是一项具有多元功能的社会文化现象。首先，它对素质教育的很多方面有着深刻的影响，尤其是对学生的思想道德、人文素质、科学素质、个性发展和身心健康的培养，具有深远的现实意义。其次，高校民族传统体育进入学校体育纳入课堂教学，不仅具有现代体育所具有的竞争性、健身性及文化娱乐性，还具有丰富的文化内涵和质朴的民族精神内涵，使参与者不仅能达到生理和心理的满足，还能实现促进身心健康的目的。最后，高校民族传统体育教育还能使学生对民族文化心理产生认同作用，起到文化传承和加强民族凝聚力的作用。

（一）有利于帮助学生全面认识民族传统体育

民族传统体育是从民族共同体文化中剥离与凸显出来的一种文化形式，反映了一个民族长期历史积淀而形成的共同的文化心态，或者成为民族文化心理结构的一部分。从这个意义上说，开展高校民族传统体育，有助于高校学生更加准确而深刻地认识民族文化，把握民族精神，继承民族传统文化。同样，民族的存在与发展是同民族传统的延续与继承密不可分的。

（二）有利于调动学生学习的积极性，全面增进身体健康

目前，在高校体育教学中，由于教学内容单一，学生参加体育运动锻炼的积极性降低，达不到应有的锻炼效果，这与"终身体育"的思想距离偏远。而中华民族传统体育有着独特的健身和养生价值，在高校中增加民族传统体育项目的课时比例，让学生选择自己喜爱的民族传统体育项目，如武术、散打、跳绳、踢毽子、丢沙包、踩高跷等，其锻炼效果是有些现代体育项目所达不到的。因此，开展高校民族传统体育项目，在增强学生体质的同时，有利于调动学生的积极性，对学生今后的学习和生活有着积极向上的重要意义。

（三）有利于培养学生的道德品质

民族传统体育文化具有综合性特点，因为它融价值观、审美观、道德观等为一体，是学校体育教育中不可多得的宝贵财富。主要原因是，它在流传中将图腾、生活、娱乐融合，对后辈具有德、智、体等方面的教育功能，因此得以较好地传承和延续。例如，棋戏以开发智慧和思维著称，可以说是民族传统体育中将趣味性和游戏性相融合的智慧游戏；围棋是一项高品位、文雅的脑力运动，其中对立统一和阴阳互生的辩证关系有助于锻炼人们的智力、陶冶情操。

第二节　高校民族传统体育教学的核心原则

高校民族传统体育教学中，应遵循的特殊教学原则主要有以下几个方面。

一、地域性原则

我国民族传统体育项目的地域性特点是较为显著的，不同项目之间存在着较大的差异性。因此，在民族传统体育教学过程中，教师应因地制宜，以本土民族传统体育项目为主，将本地师资力量的优势充分发挥出来，在此基础上，不断拓展其他民族传统体育项目教学，使学生广泛地了解和掌握我国民族传统体育知识和技能。

由于各类学校的实际情况与地域分布均存在较大差异，因而我国民族传统体育地域性特征是民族传统体育教学要充分考虑的因素。学校开展民族传统体育教学要遵循因地制宜原则。最实际的方案就是把本民族或本地区的传统体育项目作为教学重点，因地制宜不仅可以使本地的师资力量得到充分发挥，还可以准确地规范民族传统体育项目的技术和战术教学。技战术规范教学有利于带动本民族传统体育的发展，形成良性循环。学校还要根据自身的条件适当地增加民族传统体育理论与实践方面的教学内容，使学生对民族传统文化知识和运动技能的了解更丰富。

在体育教学中，动作的规范性是教师教学的基本特点。而民族传统体育由于受到不同种族和文化因素的影响，具有较强的民族特色。因此，在进行民族传统体育教学时，教师着重强调学生学习时的动作规范性，可以有效避免因为不规范动作而使其失去项目本身的民族特色。例如武术中的南拳和太极拳项目，它们之间的动作特点就存在较大差距。源于我国南方的南拳，继承了南方人作风严谨、动作细腻的特点，动作刚劲有力、步法稳固；而太极拳则透露出中原人的沉稳和机智，动作刚柔相济、轻灵缓慢。因此，在民族传统体育教学过程中，注重动作规范性和民族特色，是学习、掌握和领悟民族传统体育的又一重要教学特点。

二、培养骨干原则

培养民族传统体育骨干人才对于促进我国民族传统体育的可持续发展是较为有利的。在现代民族传统体育教学过程中，学校教育是培养民族传统体育骨干的最主要场所，通过学校教育来培养民族传统体育方面的骨干是非常重要的途径之一，要引起足够的重视。因此，这就要求教师在教学中加强对学生进行民族传统体育知识、技术和技能的全面教育，使之成为民族传统体育方面的通才，并根据学生的具体情况有意识地发挥其技术特长，使之成为某一民族传统体育项目的精英。

三、兼收并蓄原则

民族传统体育的教学可以将很多传统教法中的优秀成分吸收进来，具体可以从以下几个方面入手。首先，相近学科的成功教学方法可以被用来借鉴使用。比如，武术项目中的悟性教法能够将学生的潜能充分发挥出来，还能帮助学生深入领会技术。因此，教师可以针对技巧型的项目，鼓励学生积极动脑，通过合理利用自身多种感知提高技术。其次，其他学科成功的教学经验也可以被民族传统体育教学借鉴使用。例如，学导式教学法主要是通过先让学生进行自学实践，然后进行自我总结，最后通过教师的指导形成有一定程度的理论，这种方法对于培养和提高学生的学习能力是有一定帮助的，同时为学生自主学习民族传统体育新知识和新技能奠定了坚实的基础。

四、创新性原则

创新是事物发展的根本推动力，因此创新性原则是民族传统体育教学必须遵守的原则之一。目前，被全国民族运动会采纳的民族传统体育项目的不同程度的创新为我国部分民族传统体育向全球传播奠定了基础。但应注意的是，在对我国部分民族传统体育项目进行改造和创新的同时，应保持其原有风格特点，保留和保护蕴涵民族意识和民族情感的内容，使之向更合理、科学与规范的方向发展。

五、形式多样原则

民族传统体育教学要遵循形式多样的原则，因为我国民族传统体育项目种类繁多、形式多样，所以在具体教学中可以进行广泛的选择。在民族传统体育教学中，教师应从学生的性别、兴趣、技能等特点出发，进行形式多样的民族传统体育项目教学内容，这样有利于提高学生学习民族传统体育的热情，为学生指引正确的学习方向。教师可根据实际教学情况，将具体项目的知识、技术和战术使用不同形式传授给学生。教师首先可以让学生掌握有关项目的基本内容，再逐步将多种同类技术展示给学生，学生可以按照自身的兴趣和能力选择学习内容，这样可以充分考虑到学生的个性差异，实现有效的个性化教学。

在教法手段上，教师也可以用多种形式对同一技术实施教学，即用不同的教法把同一技术传授给学生，这样有利于学生多方位准确地掌握技术动作。在民族传统体育教学中，以学生为主体的教学方法是教师要格外重视的，以学生为主体的教法可以使学生的学习潜能得到极大地发挥。

在民族传统体育项目教学中，除了运用常规教学方式外，还可采取一些现代教学方法，这样的教学效果更为明显。例如，把民族传统体育项目利用多媒体技术刻制成教学光盘，使用多媒体手段进行传授，一方面有利于解决师资力量不足问题，另一方面也激发了学生学习的积极性。

六、技术与文化融合原则

民族传统体育不仅具有较强的健身娱乐价值，而且还具备一定的文化教育价值。它在数千年的历史发展过程中，受到了许多文化思想的熏陶和影响，成为我国民族传统文化传播的一个文化载体，也让其拥有了浓厚的民族传统文化特色。例如，武术运动中的太极拳项目，教师在教学过程中，不仅要帮助学生掌握太极拳的基本套路动作，而且还要帮助学生在太极拳柔和缓慢的练习中，提高自己的心理素质，帮助学生形成积极向上的性格以及平和的心态。因此，将民族传统体育项目的技术教学与文化教学相融合，可以有效提高学生的身心健康，也能为我国学校体育教育事业的新发展做出贡献。

第三节　高校民族传统体育教学的基本方法

一、语言法

语言法是在高校民族传统体育教学中，运用各种形式的语言指导学生掌握学习内容，进行练习的方法。语言法的优点是能同时向许多学生传递有关信息，正确运用语言法能启发学生的思维，形成正确的认知，促进学生运动技能的形成，培养学生分析问题与解决问题的能力；激发学生学习锻炼的积极性，活跃课堂气氛，融洽师生关系。语言法包括讲解法、口令与指示、口头评价、口头汇报、默念与自我暗示。

（一）讲解法

讲解法是高校民族传统体育教学工作中一种运用语言法的最普遍的形式，它指的是教师将教学的任务、内容、要求、动作名称、动作要领等用语言向学生说明进行教学的一种方法。讲解法在理论教学、思想教育和技术教学中都起着重要的作用。在实际教学中，教师运用语言启发学生积极思维，加深对教材内容的理解，是促进学生对技术、技能掌握的基本方法。讲解的科学性和艺术性非常重要，在很大程度上影响着教学效果，是教师教学水平的一个重要标志。在教学过程中要不断进行经验总结，在语言表达上精益求精是教师需做的工作。在讲解法的运用中，以下几点需要注意。

1.讲解要明确目的

高校民族传统体育教学中，教师讲解必须根据教学目标、教学内容、学生特点选择讲解内容、讲解方式、讲解的速度、讲解的语气，抓住重点与难点，有目的、有针对性地讲解。

2.讲解要有系统性和逻辑性

这要求高校民族传统体育教学中，教师讲解的内容必须科学、全面、完整，注重新旧知识的有机联系。教学大纲的要求和教材的特点以及学生的认知规律都是讲解法运用时需要考虑的因素，讲解时要从简到繁，由浅入深。技术动作讲解要注意顺序性，一般按照动作形式—用力顺序—动作幅度、衔接和速度—原理依据—动作节奏等的顺序进行。此外，讲解时动作的过程、身体各个部分的位置、运动方式以及身体与器械的关系等还必须用专业术语来描述。

3.讲解要具有启发性

教师在讲解民族传统体育时，运用的语言要具有启发性，让学生分析问题时充分利用自身的知识和经验，自觉地解决技术中存在的错误，使其对技术动作的理解得到加深，自觉学习的积极性得到调动。在提问时，老师的语言要深入浅出，从而使学生对技术要求知其然，并知其所以然，起到事半功倍的效果。

4.讲解要简明生动

民族传统体育运动技术具有鲜明的动作性，教师要善于借助学生在生活中已经接触过的事物或已经学过的运动技术，与所学运动技术产生联系，帮助学生更好地理解动作。另外，在运动技能教学中，要抓住重点，简洁明了地讲解所学内容。

5.要注意讲解的时机和效果

在高校民族传统体育教学中，教师运用讲解法时还要把握住有利时机，只有抓住最有利的讲解时机，才能最大限度地帮助学生快速准确地掌握动作要领。在刚学习某一民族传统体育项目动作时，应该详细讲解分析技术的动作要点，因为此时学生对技术还不了解，等学生基本掌握了技术后，则应以精讲为主，讲解要针对错误进行，留更多的时间让学生自己去练习和改正错误。细致观察和准确分析是教师把握讲解时机必需的素质，抓住了问题所在，并加以及时讲解，自然会有好的效果。

6.讲解要与示范结合

示范主要展示动作的外部形象，讲解则能反映技术的内在要求，讲解和示范是相互补充的。正确的动作示范配以生动形象的讲解，能够引导学生把直观感觉和理性思维很好地结合起来，达到更好的教学效果。

（二）口令与指示

口令是有一定的形式和顺序，有确定的内容，并以命令的方式指导学生活动的语言方式，如队列队形练习、基本体操、队伍调动等需要运用相应的口令。口令的运用应做到洪亮、准确、清晰、及时，并注意根据人数、队形、内容、对象等特点控制声音的大小、节奏的快慢等。

指示是运用比较简明的语言，组织指导学生活动的语言方式。口头指示一是在组织教学中运用，如布置场地、收拾器材；二是在学生练习时未能意识到的关键的动作用简洁的语言提示出来。口头指示应准确、及时、简洁，尽量用正面词。

（三）口头评价与口头汇报

口头评价指在高校民族传统体育教学过程中，教师按一定的标准、要求，口头给学生进行一定评价的方法。口头评价运用很广泛，是教师对学生掌握知识、技术、技能的情况和思想作风等方面表现的一种反馈。在运用口头评价时应注意：坚持以正面鼓励评价为主；否定的评价要注意分寸与口气；要能指明努力方向，提供改进提高的方法。

口头汇报是教师要求学生根据教学目标和自身的体验，简明扼要地说明自己的见解、想法的语言方式。在运用口头汇报时，应注意提问的内容、时机、方式，并在事前做好相关的准备。

（四）默念与自我暗示

默念是学生在实际练习前通过无声语言重现整个动作或动作的某些部分的过程、重点、时空特征，以提高练习效果的语言方式。自我暗示是指在练习过程中，暗自默念技术动作的关键字句，自我调控练习过程的语言方式。

二、直观法

直观法指在高校民族传统体育教学中，教师通过实际的演示或外力帮助，借助学生的视觉、听觉、触觉、肌肉本体感觉器官来直接感知动作的方法。常用的直观法的具体方式有：动作示范、直观教具与模型演示、电影、电视、幻灯、投影、录像、助力与阻力、定向与领先等。

（一）动作示范

动作示范是高校民族传统体育教学时最常用的一种方法，是教师（或学生）以具体动作为范例使学生了解所要学习的动作规范、结构、要领和方法。动作示范具有简便灵活、真实感强、针对性高的优点。在高校民族传统体育教学中，教师应经常研究探讨，不断提高动作示范的质量。具体运用动作示范法时，应注意以下几个方面的问题。

1. 要有明确的目的

运用示范时，教师一定要有明确的目的，并注意结合教学内容，学生特点、客观条件等，选择动作示范的次数、速度、位置、方向、示范与讲解结合的方式。

2. 动作示范的位置要合理

高校民族传统体育教学过程中应根据学生队形和方位，示范动作的技术特点及安全要求，合理而准确地选择示范位置，如果示范的位置选择不当，则会影响部分学生的观察和模仿，进而形成错误的动作概念，影响教学效果。

3. 要重点和难点突出

这要求在示范教学过程中，各技术动作的重难点及关键必须得到鲜明地展示，并以简明扼要的讲解作为辅助，这样就使学生对动作的要点和关键的掌握更加清楚，也能顺利解决其他问题，动作的学习也能更顺利地完成。

4. 动作示范的时间要科学

在高校民族传统体育教学中，何时进行动作示范可以根据教学对象和动作的难易来决定。有的可以先示范，后讲解，再练习；有的可以先讲解，后示范，再练习；也有的可以先练习，再示范讲解；或者也可以边练习边讲解示范。动作示范的时机掌握应依据不同的教学内容来选择。

5.动作示范要准确优美

高校民族传统体育教学中，动作示范的准确优美与否直接关系到教学效果的好坏。优美的示范可对学生产生巨大的吸引力和诱导性，为学习创造良好的心理生理条件，加快运动条件反射的建立。另外，示范动作必须层次清楚，基本动作、慢动作、分解动作环环相扣，循序渐进。

6.动作示范要正误对比

教师在进行正确技术示范后，可以形象地模拟一下常见的或典型的错误动作，这样可以使学生在学习新动作时更清楚地建立动作概念，预防错误动作的发生，在纠正错误动作时，明确自己的错误所在。通过鲜明的对比，学生对正确技术和错误动作都会有更明确的认识。

（二）直观教具与模型演示

直观教具与模型演示指通过挂图、图表、照片等直观教具所进行的一种教学方法。真人的示范往往一晃而过，而教具则可以长时间观摩，还可根据情况突出某个细微的环节，所以应充分利用图表、模型和照片等直观教具。采用该方法有助于学生建立正确的动作形象，了解技术动作的全过程。直观教具与模型演示要有明确的目的，要有适宜的演示方式，注意演示的时机，并注意与讲解示范结合运用。

（三）动力与阻力

借助外力的帮助或对抗力的阻碍，使学生通过触觉和肌肉的本体感觉，直接体会动作的要领和方法，多在初学或纠正错误动作或体会某一动作细节时运用。

（四）定向与领先

定向是以相对静态的具体视觉标志，如标志物、标志线、标志点，给学生指示动作方向、幅度、高校民族传统体育课程教学与实践研究轨迹、用力点。领先则是以相对动态的、超前的视觉为信号。在运用定向与领先方法时，要根据教学内容、对象特点合理设置视觉标志。

（五）电化教学

这种教学方法是利用电影、录像、多媒体等现代电化教学手段进行教学，是一种生动、形象、富有真实感的一种教学方法。看一次实际训练或比赛，往往印象不深；或看了这个，看不了那个；注意了这方面，忽略了那方面；而电影和录像等电化教学手段却可弥补此缺点。特别是慢速电影，更有它的独到之处。该方法的灵活运用，能引起学生的学习兴趣，有助于学生明确技术的进程，还可以根据教学的需要放慢动作，甚至定格，对动作进行深入的分解和剖析。

三、完整法与分解法

（一）完整法

完整法是从动作的开始到结束，不分部分和段落，完整地进行教学。其优点是能保持动作的完整性，不会破坏动作的结构和各部分之间的内在联系，便于学生完整地掌握正确技术。完整法，一般是在动作比较简单或者动作虽然比较复杂但难以进行分解的技术，或为了不破坏动作结构时采用。运用完整法有下面几种常用方式。

1. 直接运用

在教授一些简单、易于掌握的动作时，教师讲解示范后，学生直接进行完整动作的练习。

2. 降低难度

在完整练习时，可以减小动作技术的难度来进行练习。

3. 强调重点

在教授一些较为复杂的动作时，教师要求学生完整练习时，要注意动作学习的重点，甚至在完整练习中将某一环节单独学习。

4. 改变练习的外部条件

如在练习前滚翻时由高处向低处完成动作，在外力的帮助下完成完整动作。

（二）分解法

分解法是把一个完整动作的技术合理地分成几个部分，按部分逐次进行教学，最后完整地掌握动作技术。分解教学能化繁为简，化难为易，使复杂的动作变得简单明了，从而简化教学过程，增强学生学习的信心，有利于学生更快更好地掌握复杂动作。但在高校传统体育教学中分解教学运用不当，就容易造成动作割裂，破坏动作结构的完整性，从而影响正确技术的形成。因此，在进行分解教学时，要使学生明确所划分的部分在完整动作中的位置与作用，同时要考虑到各部分动作之间的有机联系，使动作部分的划分不致改变动作的结构。通过分解教学基本掌握所授动作之后，应适时向完整动作练习过渡，以便更快地掌握完整技术。应明确分解只是手段，完整才是目的。

四、竞赛法与游戏法

（一）竞赛法

竞赛法指在比赛的条件下，组织学生进行练习的方法。竞赛法具有激烈的对抗性和竞争性，学生要承受很大的运动负荷。另外，竞赛法能促进学生最大限度发挥机体的功能，有利于培养学生良好的思想道德品质。运用竞赛法时应注意如下问题。

1. 明确运用竞赛法的目的

无论是内容的确定、竞赛方式的选择，还是结果的证实，都要服务、服从于教学目标。

2. 合理配对、分组

无论是个人与个人比赛，还是组与组比赛，都要注意学生的实力要比较均衡，或创造较为均衡的条件。

3. 合理运用

竞赛法通常是在学生较为熟练地掌握动作技术的前提下运用，并注意对学生完成动作质量的评价和要求。

（二）游戏法

游戏法是在规则许可的范围内，充分发挥个人的主动性和创造性，完成预定任务的方法。运用游戏法时应注意下面几个问题。

（1）根据教学目标，选择合适的活动内容与形式，采取相应的规则与要求。

（2）在教育学生遵守规则的同时，鼓励学生充分发挥主动性、创造性。

（3）认真做好游戏的评判工作，要客观公正评价游戏的结果，包括胜负，以及学生在游戏中的表现。

五、预防与纠错法

预防与纠正错误法是在动作技能教学过程中，针对学生形成与掌握运动动作中产生的错误动作及其原因，采取有效的手段措施，防止出现和及时纠正学生错误动作的方法。预防与纠正错误是有机联系的，对于一个动作错误的预防措施，也可能是这一动作错误的纠正手段。预防具有超前性，即能预见学生可能出现的动作错误，准确找出可能的原因，主动地、积极地采取有效的手段与措施，"防患于未然"。纠正具有鲜明的针对性，既能及时准确地发现学生的动作错误，又能正确分析产生动作错误的原因，采取有效的手段尽快纠正。高校民族传统体育教师预防与纠正动作错误可以采取相应的手段和措施，包括以下方法。

（一）强化概念法

强化概念法是强化正确的动作概念，促进正确动作表象的形成的方法。通过加强讲解、示范，结合学生已有知识对比的讲解示范，使学生明确正确与错误动作最主要的差异在哪里，主动避免与及时纠正错误动作。

（二）转移法

教师在学生因为恐惧和焦虑或旧运动技能影响而形成错误动作时，应变换练习内容，采用一些诱导性、辅助性练习，将学生从已经形成的动作错误中转移出来。

（三）信号提示法

当学生在练习中由于用力时间或空间方向不清楚而出现动作错误时，教师可以用听觉信号，口头提示学生的发力时间、用力节奏等；还可以用标志线、标志点、标志物来标明动作方向、幅度等。

（四）降低难度法

在学生完成动作过程中，由于体能与紧张心理造成动作错误，应运用改变练习条件，降低作业难度，分解完成动作等方法，以便学生在相对简单容易的条件下完成动作。

（五）外力帮助法

在学生用力的部位、大小、方向、幅度不清楚而出现动作错误时，体育教师可以运用推、顶、送、托、拉、挡、拨等外力，帮助学生建立正确动作的本体感觉。

第四节 高校民族传统体育教学体系的构建

一、健全学科体系，丰富文化内涵

学校具有自身的功能与优势，其主要责任表现为汲取各民族传统文化精华促进民族团结、培育人才与传承文明等方面。随着现代社会休闲时代的来临，传播并倡导区域性传统体育活动，使之成为不同区域和人群的健身方式，将对人们的健康产生非常大的促进作用。在现代社会经济条件下，学校有义务为所在地的经济、社会和文化的发展服务，各相关职能部门要根据当地的实际情况，有针对性地制定各种政策，采取各种相应的措施，建立和健全民族传统体育在各个学校的发展机制，从而使其在学校体育发展中的应有地位得到有力保证，进而使各学校开展民族传统体育教学与训练的积极性得到有效调动，为尽早形成有利于我国民族传统体育发展的良好的学校体育文化氛围创造有利条件。

民族传统体育学科体系的建立与完善，主要从两个方面得到体现。一方面，现代科技的迅速发展使许多先进的科学技术逐渐在体育教学中得到广泛的应用。民族传统体育教学对现代科学技术的引进和吸收能为逐步建立起一个完善的民族传统体育研究的学科体系、为民族传统体育在新时期的发展奠定坚实的基础。另一方面，现代民族传统体育的教学是一门综合学科的教学，涉及的内容也较为广泛，其中，主要表现在文化学、民俗学、民族学、体育学等各个方面，因此就需要不同领域的学者进行合作研究，要求民族传统体育教学工作者坚持用严谨的科学态度和方法对民族传统体育进行甄别、选择和分析。因此，建立健全民族传统体育教学学科体系对于民族传统体育教学工作者更好地组织和实施教学有着非常重要的意义。

现阶段，从民族传统体育的文化内涵中进行全面深刻地分析、探寻民族传统体育的本质特征，用现代的理论对民族传统体育中一些古老的命题进行诠释，赋予其新的内涵、新的意义，再结合现代体育的组织形式，对民族传统体育进行整合，体现民族传统体育的民族性和世界性具有重要意义，能促进我国民族传统体育的真正复兴和发展。

二、强调终身体育，推进课程改革

对学生进行体育教育的目的并不是单一的，而是综合的，不仅要达到强身健体的目的，还要对学生"终身体育"意识的养成起到积极的促进作用。"终身体育"思想的形成，能够促使人们形成良好的体育健身的习惯，对身心的发展以及和谐的人际关系的形成起到积极的促进作用，对于社会的发展产生有利的影响。因此，对高校民族传统体育教育来说，要始终贯彻"终身体育"思想，从而为高校民族传统体育课程改革起到一定的推动作用。

将民族传统体育项目教学纳入我国各级各类学校的体育教学的时间还不是很长，因此我国民族体育教学课程建设的完善程度还相对较低。从我国高校体育教学的现状来看，年限较短是我国各大高校的体育课都存在的一个重要问题，因此需要采取相应的措施加以改善。比如，可在适当延长大学本科体育课课时的基础上，对高年级的学生采用必选课的形式进行教学，并以学分制的办法进行管理；另外，发展一些体育健身俱乐部有利于增加学生进行民族传统体育学练的时间，对于学生扎实地掌握锻炼方法以及确保民族传统体育在高校开展的效果也是有帮助的。推进现阶段我国民族传统体育教学课程改革是非常重要且必要的，其重要意义主要体现在激发学生的学习兴趣、促进民族传统体育的发展、加强不同学校的民族传统体育教学特色等各个方面。

三、加强教材建设，不断丰富内容

作为教育的基础，教材是非常重要的。目前，我国中小学、各大高校实施的是国家教委、体育总局组织专家编写的全国统一的民族传统体育教材。

加强民族传统体育教材的建设，创编优秀民族传统体育系列教材，对于我国民族传统体育文化的传承和发展是非常有利的。因此，创编优秀民族传统体育系列教材需满足以下几个方面的要求：首先，民族传统体育教学教材编写的科学化和系统化程度应该进一步提高，在编写内容上要力求创新，创编具有丰富攻防内涵的精简套路，完善和充实武德教育、传统文化教育以及健身机理等理论内容；其次，应广泛吸收具有浓郁地方特色的民族传统体育及民族体育，将民族特点充分体现出来；最后，要对我国民族传统体育的国际化发展有足够的重视，可将具有代表性的项目编写成双语教材，供各国的留学生和华侨生学习，从而积极促进东西方文化的交流，使我国民族传统体育在世界体育文化中的地位得到有效提升。

四、重视人才培养，增进文化传承

对于文化传承来说，最基本的保障就是人才。当前，我国的民族传统体育教育存在着人才紧缺的现象，这在很大程度上制约着我国民族传统体育事业的发展。因此，各地区的体委、民委、教委和文化部门应密切配合，一方面应有计划地培养一大批民族传统体育干部、体育骨干和体育教师；另一方面应用多种渠道、多种方法培养多层次的民族传统体育人才，逐步扩大高等体育院校招收民族学生的名额，或开设民族传统体育班，积极培养民族传统体育后备人才。

加速民族传统体育师资建设，增强民族传统体育的师资力量是促进民族传统体育在学校体育中普及与提高的必要措施。从当前的情况来看，我国学校体育中的民族传统体育的人才匮乏，师资力量薄弱。具体而言，可以通过以下三个方面来加强民族传统体育师资力量的培养。

（一）建立民族传统体育学科

20世纪80年代中期，我国就已经进行了民族传统体育学科的课程开发实验，但发展至今，开发民族传统体育学科还处于探索和总结经验阶段。随着社会的不断发展与学校体育教学改革的日益深化，以及体育教师自身追求和谐完美发展需求的日益高涨，在学校建立民族传统体育学科，增强民族传统体育师资力量就成为民族传统体育教学进一步发展的必由之路。具体而言就是培养具有主辅修专业经历的民族传统体育教师，鼓励体育教师能够将其知识和经验熟练地运用到实践中。

（二）提高教师的理论知识和实践水平

在学校民族传统体育教学中，体育教师在传授民族传统体育文化中起到主导作用，体育教师指导、鼓励并评价学生对民族传统体育知识、民族传统体育技术的学习和掌握情况。体育教师的职责不仅是把我国优秀的民族传统体育文化传授给学生，而且应该培养学生树立起关注身心健康、增强体质是一种社会责任的观念，并指导学生通过学习民族传统体育达到科学健身的目的。因而，发展学校民族传统体育师资力量需要提高现有教师的民族传统体育理论知识和实践水平。具体可通过各种培训班、学习班、研讨会等形式来提高民族传统体育教师的专业技术和理论水平，为我国民族传统体育的继承与推广工作创造条件。

（三）学校适当聘请民间艺人教学

目前，许多民族传统体育文化面临着失传、消亡的现象，学校作为培育人才的主要阵地，应该积极探索民族传统体育文化的师资培养方式，找到民族传统体育文化教育资源的传承模式。学校可以聘请民间艺人和专家给学生授课，使他们成为今后民族传统体育教学的师资骨干与精英。

五、增加民族传统体育教学经费投入

当前，半途而废、中期流产的现象在我国民族传统体育课程开发过程中普遍存在，主要原因有课程开发实验得不到支持、实验条件不能满足、经费不足、研究人员与实验学校不能协调等。由此可见，资金短缺在很大程度上限制了民族传统体育在学校中的发展，加大民族传统体育课程建设的资金投入势在必行。总体来看，增加民族传统体育教学经费投入要做到以下几点。

第一，要保证重点民族传统体育项目的资金投入力度，重点发展比较成熟的民族传统体育项目，从整体上带动民族传统体育项目的发展。

第二，要兼顾一般民族传统体育项目的资金投入，使其也能得到开发和发展。

第三，注意改善民族传统体育的场地和设施状况，在未来体育场馆的建设中考虑增加民族传统体育场馆，更好地满足民族传统体育教学的需求。

第五节　高校民族传统体育教学模式改革探析

一、高校民族传统体育教学模式改革的必要性

资料显示，2018 年全国学生体质达标测试合格率为 91.91%，优良率为 30.57%，全国学生体质健康状况总体呈现稳步提升趋势。[①] 这一消息给学校体育带来了新的希望，也带来了新的挑战。尽管学生体质健康水平有所改善的原因是多方面的，但毋庸置疑，学校体育教学在其中扮演着至关重要的角色，而新课程改革的推动作用更是不容忽视的。大学生群体是新时代的接班人，他们的身体健康不仅关系个人的成长，也关系国家建设。虽然高校民族传统体育教学经过多年发展，已经取得了诸多成效，但是这些远远不够，高校民族传统体育教学在诸多方面还有很大的提升和发展空间，因此高校民族传统体育教学模式改革依然在路上，且任重而道远。

（一）学生发展的需要

新课程改革所倡导的基本理念之一就是关注学生发展，即从以教师单一主体为中心向教师与学生并重转变。大学生作为心智都已经成熟的独立个体，更应该尊重他们的全面发展，于是高校民族传统体育教学目标必然要相应地做出调整。也就是说，高校民族传统体育教学不仅要完成教授体育理论知识、体育专项技能等方面的基本性目标，还要完成培养大学生终身体育意识、鼓励大学生勇于自主探究等方面的发展性目标。对大学生发展的关注，既是高校民族传统体育教学的本质所在，又是大学生德智体美劳全面发展的时代召唤。忽视大学生发展的高校民族传统体育教学是不可持续的，是没有灵魂的，因此高校民族传统体育教学的中心需要转向学生的个人发展。

（二）教师成长的需要

新课程改革不但要求要关注学生的发展，而且强调教师的成长，注重教

---

① 任平社，陈晓波.大学生体质现状及促进机制研究 [J].福建体育科技，2019（6）：51.

师的个人发展需求，也就是说，新课程改革更加注重人的因素。对教师成长的强调，即课堂教学评价要沿着促进教师个人成长的方向发展，使教师有成就感，并能更好地进行职业生涯规划。对于高校体育教师来说，其不仅是体育技能的传授者，还是体育课程的开发者和建设者，更是体育文化的传播者，即高校体育教师的角色表现出多样性、相似性、灵活性和服务性的特征。这就要求高校相应地为体育教师提供再培训、再学习的平台，使体育教师完善教学能力，实现个人整体实力的强化。

（三）以学定教的需要

既然新课程改革关注学生的个人发展，那么课堂教学就要体现出以学生为主体，这就需要改变传统的课堂教学评价方式。新课程改革重视以学定教，也就是说，新课程改革更注重过程性评价而非结果性评价，其更多地关注学生在课堂学习中的状态，倡导"以学论教"。对于高校民族传统体育教学来说，尽管要考查学生掌握体育技能的情况，但这不再是唯一也不是最重要的评价指标，而应将学生在学习体育技能以及有关体育理论知识过程中所表现出来的情绪状态、注意状态、参与状态、交往状态、思维状态纳入其中。就此来看，新课程改革所要求的高校民族传统体育教学要从激发学生体育参与的兴趣出发，让学生在体育课堂上拥有轻松愉快的学习体验感。

二、高校民族传统体育教学模式改革目标及路径

（一）高校民族传统体育教学模式改革的目标

高校民族传统体育教学模式改革以"立德树人"为根本目标。党的十八大明确提出"立德树人"是教育的根本任务，党的十九大再次提出落实"立德树人"根本任务。基于此，高校民族传统体育教学模式改革应以"立德树人"为目标，进行体育课程与思想政治教育的深度融合，开展高校民族传统体育课程思政化建设。体育本身就具有德育的功能，这使高校民族传统体育教学在"立德树人"过程中存在着天然的优势。所以，在高校落实"立德树人"根本任务的过程中，民族传统体育教学更要发挥这一优势，提升其德育理论内涵，拓展其德育价值功能，完善其德育课程体系，从而使高校民族传统体育教学在高校教学改革中占得先机，获得跨越式发展。

（二）高校民族传统体育教学模式改革的路径

1.构建小班化教学模式，拓展民族传统体育教学价值

小班化教学是在缩减班级学生规模的基础上，对包括教学内容、方法、组织形式、实施过程、教学策略和模式等的改革而形成的一种班级教学活动形式。[①]

（1）分层教学。首先，按学习能力的高低实行分层教学。在分层前，教师要对学生原有的综合技能水平进行反复调查与测试，并将成绩分为A、B、C三个层次。A层次有较高的技能水平和浓厚的学习兴趣；B层次学习能力一般，但有一定潜能；C层次相对前两者而言，学习能力较弱。其次，针对不同的层次，教师在课堂教学提问、课堂组织讨论等过程中采用不同的教学方法与手段。具体落实到民族传统体育的课程教学中，就是对综合技能较高的学生提出更高的要求，设置难度动作；对技能水平较弱的学生，要求与难度相对要低一些。通过这样的方法进行教学，使学生在课堂的练习中能独立完成学习任务。教师的鼓励、同学的互助，能够将教与学成功地融合起来，让学生体验到学习的快乐，从而对这门课程产生浓厚的学习兴趣，积极主动地参与其中。

（2）小组合作学习。第一，按学生的层次进行分组。它有两种分法：一种为"同组异质"分组，即小组由不同层次的学生组成。另一种"同组同质"分组，即每个小组成员的层次相同。第二，按兴趣进行自由组合。无论是教学安排抑或自由组合，都体现了一个原则：学生在同一水平上的公平竞争团。采用小组合作教学，其主要目的是使学生明确学习任务，培养学生的团结协作意识。教师在选择教学内容时要考虑动作的难度系数，考虑不同层次学生的接受能力，这样才能凸显分层教学的理念，让不同层次的学生有所领悟，从而更好地理解并掌握教学内容。

（3）综合教学。民族传统体育小班化教学策略是以学生为主体，把交互式、多样化、个性化的教学手段融合在一起，以获得为基础，以获得促发展，发挥学生在教学活动中的自觉性、积极性、独立性，让学生能主动参与探索学习的过程，养成良好的学习习惯。

2.促进师资的丰富与教学水平的提高

（1）挖掘民间艺人教师，丰富学校民族传统体育师资。目前，许多民族传统体育文化面临着失传、消亡的现象。学校作为培育人才的主要阵地，应

---

① 邹硕.小班化教学研究[D].长沙：湖南师范大学，2005：20.

积极探索民族传统体育文化的师资培养方式，提炼民族传统体育文化教育资源的传承模式。一些学校聘请民间艺人参与学校体育教学工作，请民间艺人定期给学生传授传统体育项目，同时缓解体育教学中师资力量不足的矛盾，也在一定程度上丰富与壮大了体育教师队伍，实现了教师来源的多元化。

（2）提高教师的历史责任感，促进教师提高理论知识和实践水平。民族传统体育作为国粹与优秀民族文化的一部分被引入学校体育之后，体育教师便有了保护与传承民族传统体育，促进民族传统体育发展的责任，这一责任会促使体育教师不遗余力地投入自己的工作，履行好工作职责。而为了更好地传承民族传统文化，体育教师可以参加各种培训班、学习班、研讨会等，以此来提高自身的专业技术和理论水平，为我国民族传统体育的继承与推广做出自己的贡献。

3.增加经费投入，优化教学环境

民族传统体育项目没有对硬件设施提出较高的要求，很多项目在硬件设施简单的情况下也能开展，而且一些项目中所用的器材可以简易制作。

此外，学生的性别与年龄以及自然条件（季节、气候等）几乎不会限制与影响民族传统体育项目的开展，因为民族传统体育运动自身的特点就能够促进强身健体目的的实现。例如，少数民族的传统体育项目打草蛇、磨秋等的开展只需要简单的设备即可，不需要投入太多的经费，有些项目所需要的器材就地取材就可以。

综上，我国各级各类学校可以自身的具体实际为依据，对与本校实际情况相适合的民族传统体育项目进行选择与引进。

4.创新教学技术和方法

（1）引进与时俱进的教学手段、技术和方法。在现代教育改革创新的新语境中，许多具有创新性意义的教学手段、技术和方法正广泛应用于各个科目的教育教学当中，民族传统体育教学也是其中之一。具体来说，语言口令的教学方法能够简洁地概述民族传统体育教学的主要内涵与技能内容，游戏娱乐教学法能够以轻松生动的方式激发学生自主学习的兴趣与热情，多媒体演示教学法能够使学生更直观地感受民族传统体育项目的技巧要点和体育风格，等等。由此可见，教师需要秉持着开放性的教学改革思维，运用与时俱进的教学手段、技术与方法，不断提高民族传统体育教学的总体质量和总体水平。

（2）借助人工智能，创新教学手段。人工智能的序幕已经拉开，这是未来发展不可阻挡的趋势。如今，人工智能已经渗透到人们工作、生活和学习的方方面面。在人工智能时代，高校民族传统体育教学模式也需要做出相应转变，以适应时代发展。高校民族传统体育教学可借助人工智能实现其教学手段的创新，这种借助不仅是形式上的，还应包括实质性的内容，即需要挖掘高校民族传统体育教学与人工智能之间的契合点，使这种结合更加紧密。

5.注重学生主体，完善评价体系

基于新课程改革对学生个人发展的重视，我们有必要推进以学生为主体的评价体系。从高校民族传统体育教学的特点看，对大学生体育课堂表现的评价，可以采用多考、纵比、常验的方法。每名大学生的体质健康水平不同，体育方面的素质也就有所差异，采取一刀切的考核方法必然具有一定的偏颇性。因此，可以给予大学生2～3次申请重考的机会，然后取最优成绩。这是因为体育测试本身会受到各种内外因素的影响，如测试当天学生的身体状况、天气影响等。纵比是从学生个体出发，采取自己与自己比的方式，如果学生比前一阶段有进步，则可以酌情加分。常考主要是看学生平时的课堂表现，包括问题讨论、与教师互动情况等。

第三章　高校民族传统体育项目教学的创新模式探索

第一节　武术套路在高校民族传统体育教学中的创新模式

武术是中华文化的瑰宝，因此高校在开展教学工作中应充分了解武术的重要性，钻研出系统的武术套路教学方法，让学生在学习和练习的过程中获得很强的民族认同感，并能更加深入地进行武术学习。

一、武术套路在高校民族传统体育教学中的应用现状

武术运动是包含在体育运动内的一个小分支，既然是体育运动的一个组成部分，那么在教授过程中必然出现交织，这一点尤其体现在教学模式的运用上。体育教学模式源于体育教学的基本理论与实践，同理，武术教学模式源于武术教学的基本理论与实践。可以说，武术教学模式指导理论与体育教学模式基本理论存在很多相通之处。但是，武术套路教学有其特定的教学目标，除具有体育教学的一般特点外，还具备其本身的特点，如以拳术套路为基础的基本功练习贯穿始终，重视直观演示，以领做为主，强化技击攻防特点，突出劲力，强调内外兼修，突出不同拳种的风格，因此武术套路教学必然有其特殊的、基本的教学模式。常用的武术套路教学模式有小群体教学模式、口诀体验式教学模式、招法套路教学模式、"识图法"教学模式、"三双"武术教学模式、模仿巩固提高教学模式、程序化教学模式、攻防体验

式教学模式等。目前，各个高校武术套路技术课所采用的教学模式的种类较少，对于一门集民族性、技击性与艺术性于一体的课程来说，教学活动缺乏机动灵活性。

同时，大多数套路课教师在教学模式的采用上缺少创新性，这已是阻碍套路技术课教学质量提升的一个重要因素。随着学生主体地位的提升及目前对教师与学生互动交流的重视，尝试过新的教学模式的教师认为，采用一种不同于以往的教学模式也能够给学生以新鲜感，不至于让学生感到武术套路枯燥无味，同时可以激发学生的学习热情，提升教学效果。对于教师而言，新的教学模式能够改变武术教师以往的教学思路，从而另辟蹊径地安排教学过程，增加教学经验，加深对教学模式的理解。可以说，新的教学模式的采用，引导教师和学生共同关注某一教学环节，使教学模式又有了启发功能。也有不少教师认为，没有现成的教学模式去效仿；自己的理论基础及教学经验有限，不具备创新教学模式的能力；武术套路由于由循而往复的技术动作组成，受项目自身条件的限制，不能创新。

（一）传统的体育教学模式在武术套路技术课中仍占主导地位

传统体育教学模式已有几千年的历史，它在人类教育发展中曾发挥了很大的作用。传统体育教学模式一般是指在某一教学思想和教学理论的指导下，运用传统的教学手段，为完成一定的教学内容而采取的教学形式。传统体育教学模式一直是我国学校体育教学的主流模式，即以教师为中心，重知识传授，忽视了学生主体地位和能力的培养。武术教学作为体育教学中的一个组成部分，也不能逃脱这个模式。传统的基本功——套路武术教学模式就是在学习套路前，先进行基本功的学习、练习以及一些初级的套路学习，这个阶段一般需要几年的时间，只有经过这个阶段，有了一定的武术基本功基础之后，才能进行武术套路的学习。但是，高校民族传统体育专业武术套路班的学生的基本功早就具备，传统的教学模式已经不能满足他们的学习需求，这严重影响了套路课教师对教学与创造知识的兴趣与积极性，也使学生失去了学习和探索知识的兴趣和动力。

（二）武术套路技术课所采用的教学模式仍不完善

目前，高校所采用的教学模式普遍为传统的体育教学模式、小群体教学模式、"三双"武术教学模式、"识图法"武术教学模式、口诀体验式武术教学模式、攻防体验式武术教学模式、程序化自学套路教学模式、发展学生主动性教学模式、自选项武术教学模式。各个教学模式虽各有优点，但也存在一些缺点。

传统教学模式注重教师教的过程，弊端是过分强调课堂结构，过分强调教师的作用。小群体教学模式的优点在于增加了学生间的交流与协同合作，激发了学生的学习热情，培养了学生的竞争意识。缺点是各小组之间可能因为竞争过于激烈而造成矛盾，从而出现难以预料的情况。

"三双"武术教学模式的优点是遵循了"循序渐进"的教学原则，在教学内容的选择上比较科学，所达到的运动负荷较合理。缺点是该教学模式适用于高校选修课武术教学，而不适合武术套路专业技术课教学。

"识图法"武术教学模式的优点在于通过识图知识达到掌握动作、培养能力的目的，通过各种识图学习锻炼学生互学、互评、自学的独立学习能力，培养学生独立思维和创造的能力。缺点在于这种教学要求学生先具备识图的基本知识，尤其对于一些有难度的、复杂的套路动作，其识图基础要求更高。

口诀体验式武术教学模式的优点在于武术套路课教师不用一遍一遍地给学生演示动作，减轻了工作量。学生也不会做了上面的动作而忘了下面的动作，只要念一遍口诀就不会出现增加或漏掉动作的情况。缺点在于教师使用此教学模式时要把教学口诀在课前编好。

攻防体验式武术教学模式的优点是在一定的程度上加大了攻防体验技术的学习，有利于学生对武术内涵的理解及对套路的掌握，进一步促进套路与攻防技击的融合。缺点是此模式是套路与散打相结合的模式，不太适于武术套路技术课的教学。

程序化自学套路教学模式充分尊重了学生的主体性，让学生有了选择的权利，可以充分调动学生的学习激情。缺点在于程序过于复杂，需要拆解动作并加以重新组合，无形中增加了教师的工作量。

发展学生主动性的教学模式有效地减轻了教师的工作量，启发了学生的思维，培养了学生独立学习的习惯。缺点是学生不能在自己学习的过程中得到教师的指导，容易形成错误的动作定型，不易改正。

自选项武术教学模式可以突出学生的主体地位，发挥学生特长，满足学生的个性需要，但缺点是学生可以选一些以前自己已经学会的套路，给偷懒留下隐患。

二、武术套路在高校民族传统体育教学中的模式创新路径

（一）解放思想，转变观念，树立教学模式多样化意识

从高等教育的内部机制角度看，我们要积极关注大众化高等教育时代出现的一些新特点，稳步探索既能体现高校办学特色，又能满足社会和个体发展的新模式，做到多模式化教学。同时，进一步解放思想，转变观念，树立新的教学理念，摒弃原来旧的落后的教学模式，采用一些能够突出学生主体性、突出武术特点、突出地域特点的教学模式。

（二）用多维的教学目标观来设置武术套路技术课教学目标

《全国普通高等学校体育课程教学指导纲要》（以下简称《纲要》）对体育教学课程目标提出了身体健康、心理健康、运动参与、运动技能、社会适应五个目标领域的要求。因此，我们在制定武术套路技术课教学目标时应充分考虑《纲要》的要求，以多维的教学目标观来设置武术套路技术课的教学目标。

（三）加强对武术套路技术课教学模式的改革

随着高校教学本位功能的回归，教学模式的改革日益受到重视。一个教学模式的建立对应着某种教学目标的达成，但是任何一种教学模式都不是教学改革的终极模式，它是随着教学改革的不断发展而不断演进的。奥运会的成功举办和世博会的顺利举行都表明，我们应同世界齐步，要敢于改革创新，敢于实践。武术套路技术课教师也应跟随时代的步伐，顺应教学改革的趋势，以终身体育为基准，以突出学生主体性为指针，加强对教学模式的改革。

（四）加大对武术套路技术课教师的理论基础水平的培养力度

武术套路技术课教师的理论基础水平直接影响武术套路技术课教学的质量与效果，因此应该加强对武术教师的理论基础水平的培养力度，定期对套路技术课教师进行考核，优化武术教师的师资队伍结构。各个高校还可以定期对套路课教师进行专项培训或举办各种形式的武术教学与科研活动，在巩

固其教学理论基础的同时，让其进行一次武术专业新技术、新理论、新方法的学习。在学习中，教师可以发现平时套路技术课上课期间在教学方面存在的问题，在总结的基础上及时解决问题，从而提高武术套路技术课的教学质量。也可以组织教师互相观摩上课情况，聆听专家讲座，开展说课、评课活动，撰写课后反思，等等。这种多层次、多角度的交流实践，既培养了教师的教学能力，又提高了教师自身专业理论素养。

（五）结合现代化技术，使教学方法和手段多样化

教师应该重视和倡导学生在学习中的自主性和探索性，不断创新教学方法和手段，激发学生上武术套路技术课的积极性。比如，教师要从多方面入手，在运用上既可保留一些有价值的传统教学法，如讲解法、分解法、演示法、比赛法等，又可采用新的教学方法，如表象法、启发法、诱导法等。教学手段上也要在保留有价值的传统教学手段的基础上，采用多媒体、形象工具等新型的教学手段，以提高武术套路技术课的教学质量，如可以利用现代化的摄像技术，将学生的练习过程录制下来，供学生对照，帮助他们纠正错误动作。此外，教师在注重教法的同时，应重视学生的学法，不要自始至终地采用集体练习法，可以转变为其他的方法，如探索练习法、自主练习法、同质分组法等。总之，在武术套路技术课教学过程中要采用多种有效的教学方法和手段使课堂变得丰富多彩，以此激发学生学习和锻炼的积极性。

（六）更新教学评价方法，使多种评价方法并存

武术套路技能评价复杂而感性，只采用一种教学评价方法难免让教学活动处于僵化的境地。所以，教师可以采取教师评价、学生自评、师生互评、学生互评相结合的方法，多角度地对教学效果进行评价，使教学评价形式多样化、可供选择化。在评价内容上，可以从套路的完成情况、动作的规格、劲力和节奏、熟练程度等方面考核学生对武术运动特点、内涵及运动的规律性和方法的掌握与运用情况，考核学生对武术以及与武术相关知识的了解与掌握程度。

第二节　技击运动在高校民族传统体育教学中的创新模式

技击的"技"，含有技术、方法的意思；"击"含击打、格斗的意思。技击即技术击打。技击运动，开始是以徒手形式进行的，如古代部落战争时的"角抵戏"等。后来，这一运动发展为以器械相搏的形式，如春秋战国的"击剑""枪刺"等。现代技击指的是两人徒手以踢、打、摔、拿等技法，按照规定的场地、时间、条件进行对搏的一项运动。它是技击者体力、智力、技法、技巧、心理意志的综合抗衡，具有高度的攻防实战性和激烈的对抗性。本节以散打运动为例，论述散打运动在高校民族传统体育教学中的模式创新，旨在为其他技击运动提供教学思路。

一、散打运动在高校民族传统体育教学中开展的必要性及意义

（一）促进学生的全面发展

在高校民族传统体育教学改革中，要真正贯彻"健康第一"的教育指导思想，全面发展学生身心健康水平，注重学生民族文化心理需要和兴趣爱好，调动他们学习、锻炼的积极性，就必须要改变以往学校体育教学内容单一，教学过程重技术、轻健身，忽视学生心理发展的教学现状。如果在学校体育教学中开展喜闻乐见的散打课程教学，不仅可以补充和完善学生对体育项目的了解，丰富学校体育的教学内容，还能够充分调动学生参加体育锻炼的积极性和主动性，激发体育兴趣，提高体育教学效果和实用性。另外，散打项目具有的健身性、竞技性、观赏性、娱乐性，符合学生活泼、积极向上的心理特点，而且技术动作简单易学，能够让学生在欢快愉悦的情景中体验运动的激情，享受运动带来的快乐，获得身心的健康发展。

（二）提高体育锻炼的兴趣

武术是普通高校体育教学的重要内容之一，多年来，武术课程在高校得以普及，对弘扬民族文化、增强学生体质发挥了重要作用，但是也存在许多不尽如人意的地方。比如，朝气蓬勃的大学生对一些慢条斯理的武术

套路动作有很大的抵触心理（如太极拳），课程所传授的内容与学生的要求差距大，学生"学完、考完、忘完"的现象较普遍，忽略了武术特有的技击性这一特点。

散打的技术动作较多，针对性和随意性互不矛盾，技术动作和战术要求因人而异，能充分发挥学生的创造力和想象力，激发学生的潜能，使学生产生心理和生理的冲动，并获得成功感。另外，散打易激发学生的兴趣，无须记"套路"，学生容易实现短期目标，较快掌握攻击和防卫的战术要领，从而在课余时间自觉锻炼，巩固和提高体育课上所学知识，并最终养成终身体育意识。

（三）教学场地灵活多样，减少经费

体育教学常以传统体育项目球类、田径、游泳、武术为主，民族传统体育项目开设课程很少。散打对场馆设施和硬件设施的要求并不高，甚至比传统体育课的要求还低，只要室内、室外有一块平整的地面即可进行教学。在器材上，基础教学只需要配备一副拳套和脚靶就可以满足教学需要。这样的课程可大大减少学校对体育教学经费的投入，缓解矛盾，既经济又具有实效性，所以开展散打课程是非常必要的。

（四）增强大学生对终身体育意识的理解

培养大学生终身体育的意识、习惯和能力是学校体育教育目标之一。让学生在校学习期间既要使身心得到锻炼，又要让他们学会并掌握一些锻炼身体的方法，为毕业后从事终身体育活动打下良好的基础。

当前，大学生毕业走上工作岗位以后，随着毕业时间的延长，主动参加体育锻炼的人数越来越少，成为大量的被动体育人口。其原因很多，有的是因为工作和家庭压力过大，有的是因为对参加体育活动缺乏兴趣爱好，有的是没有掌握锻炼身体的技术方法，因此拓宽和加深体育教学内容就成为必要。散打完全可以从竞技体育向高校体育转化，简化比赛规则，简化技战术难度，修改课程内容，改进场地器材，这些都使之符合高校体育教育的目的。帮助学生掌握一些行之有效的健身方法和手段，有利于培养他们的终身体育意识，使他们走向社会后成为全民健身活动的骨干。

（五）有利于民族传统体育的健康发展

民族传统体育是一笔宝贵的历史文化遗产，为使民族传统体育更有生命力，以吸引更多的民众参加，就必须在继承其精华的基础上不断改进和提高。《全国普通高等学校课程教学指导纲要》提出弘扬我国民族传统体育项目，体现民族性和中国特色。显而易见，散打课程在高校体育中有着很大的发展空间。散打课程所传授的不仅是技艺，更重要的是国粹的传承。改进、革新散打课程，可以使大学生理解散打课程之精髓，有利于民族传统体育的健康发展。

二、散打运动在高校民族传统体育教学中的应用现状

（一）内容有限，缺少吸引力

目前，大部分高校开展民族传统体育教学的内容都是以武术为主，多是青年长拳、初级剑和太极拳剑等，而散打、中国式摔跤等项目只在体育院校和拥有体育学院的综合性高校开展一定数量的选修课，以致出现仅有武术一项来泛称民族传统体育的情况，很多具有吸引力、易于开展、趣味性强、健身效果明显的项目被拒之门外。

（二）师资力量仍显薄弱

长期困扰高校开展民族传统体育教学的主要因素之一是师资力量，授课教师大多以武术专业课为主，缺乏能教授散打等民族体育的教师。据了解，不少担任民族传统体育教学的教师（包括部分武术专业教师），虽然能掌握武术运动拳械的套路教学，但对一些散打等课程的理论、技术技能传授方法的掌握得相对不足，缺乏这方面的专业基础和实践经验，加之少数院校缺少对体育教师的培训和进修学习，造成一些教师只凭理论知识就进行实践课的教学。

三、散打运动在高校民族传统体育教学中的创新模式探索

（一）情境教学法在高校散打教学中的应用

1.情境教学法的概念和特点

情境教学法是英国语言学家在 1930 年提出的，通过创设情境，刺激学生的多种感官，把教学内容融入具体形象之中的一种教学法。今天情境教学法的应用更为广泛，并呈现出以下特点。

（1）充分调动学生的情感。情境教学法的最大特点就是创设出一种类似真实的场景，让学生有一种身临其境的感觉，从而充分调动起学生的参与意识。比如，在对学生进行身体素质的强化练习时，学生常因反复练习某个动作而产生松懈、疲乏的身心反应，这时如果教师适当播放慷慨激昂的爱国歌曲，或者给学生讲解一些中华武术名人的故事，会产生强烈的激励效果。

（2）有利于学生的想象和独立思考。情境教学法改变了完全由教师进行讲解示范的教学法，让学生自己进入相应的情境中，观察、思考、摸索、模拟、练习，这样更有利于学生独立思考，从而对散打技术的理解更加透彻，能够快速进入状态。

（3）有利于散打技战术的学习和掌握。散打是一项对抗性的运动，除了让学生通过实战演练掌握技术动作和战术意图外，还可以通过现代信息技术创设情境的方法让学生犹如面对的是真实的对手，然后思考采用什么技术动作才能化解对方的攻势。

2.情境教学法在散打教学中的应用

（1）准备阶段快速进入学习状态。课堂导入对一节课的成败起着至关重要的作用，如果处理得好，会激发学生学习下去的欲望，之后的教学会水到渠成，学生也会从课前松散嬉闹的状态很快进入学习的状态。比如，播放散打比赛的录像，讲述中国的著名武术学家的故事，等等。这些都是很好的创设情境的方式。

（2）在教学中运用情境教学法。

①通过技术手段创设情境。散打通常是在室内进行教学的，因此录音机、视频、PPT 等都可以为学生创设情境。教师可以利用现代科学技术——VR 技术创设类似真实场景的虚拟场景，让学生和虚拟的对手对打，这样既

可以培养学生的技战术判断能力，锻炼学生的反应能力，又可以激发学生的学习兴趣。

②通过布置环境创设情境。教师可以通过布置环境来创设情境，如在训练的体育馆或者教室周围贴上激励人的标语、优秀散打运动员的照片或者图画，按照正式比赛的场景布置教学环境等。这样，学生上课就会有一种仪式感，学习的主动性就会大大提升。

（3）在放松阶段运用情境教学法。散打教学结束之后，需要进行拉伸放松的活动，以缓解学生的身体紧张状态，避免学生受伤，让学生尽快恢复到锻炼之前的身心平静状态。这个阶段如果采用情境教学法可以帮助学生尽快恢复，如给学生播放舒缓的音乐，同时配上优美的风景图画，带领学生做拉伸运动。

3.应用情境教学法的注意事项

（1）要注意情境的选择和引导。运用情境教学法最重要的是情境的创设，而情境创设水平的高低取决于学生浸润的程度。教师要充分利用现有的教具，创设根植于现实生活的各种场景，并在平时注意搜寻创设情境的素材，学习创设情境的方法。事实上，各种情境创设的手段可以综合运用，如现代信息技术、教师的语言描述、物品的摆放等。另外，教师还要注意通过巧妙的方式把学生引入情境中。

（2）情境教学法和其他教学法的配合使用。情境教学法的最重要的功能就是通过情境的创设吸引学生的注意力，激发学生的学习兴趣，让学生尽快投入到新知的学习中，同时放松身心，帮助学生尽快恢复到学习前的状态。当然，有的情境创设方法还承载着教学内容，但相对较少。情境教学法要和其他教学法配合使用，如教师播放散打比赛的录像后，可以让学生以小组为单位进行探讨，引导学生想象如果自己在当时的情境下应该怎样应对，然后讨论交流，寻找更好的解决方式。

（二）俱乐部教学模式在高校散打教学中的应用

1.俱乐部教学模式概念及特点

（1）俱乐部教学模式的概念。俱乐部教学模式是指以学生兴趣爱好为指引，打破常规班级界限，突破时间、空间限制，围绕教学内容进行针对性教学的一种教学方式。

（2）俱乐部教学模式的特点。首先，俱乐部以相同的兴趣爱好汇聚学生，这种共同的训练目标能够有效调动学习训练的积极性。其次，俱乐部教学突破传统教学模式，更加强调人本理念，多根据学生特点制订更具针对性的教学计划。最后，俱乐部教学模式受时间、空间影响更小，能够拓展丰富的教学内容，让学生之间的交流沟通更加顺畅。

2.俱乐部教学模式在高校散打教学中的应用策略

（1）提高认识，加大投入，改善散打教学环境。场地与器材是高质量开展高校散打教学的前提条件，对调动学生学习的积极性和训练热情具有重要作用。因此，高校应对散打教学加大资金支持，建设高质量教学场地，配备必要的器材设施、装备护具，让散打教学的物质条件得以改善，让散打教学的硬件条件得以提升。

（2）强化以人为本，充分结合学生兴趣。以学生为主导正是俱乐部教学模式精髓所在，高校散打俱乐部教学模式的应用要坚持以学生为本，开展教学前要充分了解学生的特点、个体差异、兴趣所在，从而制订有针对性的教学计划，展现更加丰富的教学内容，体现出俱乐部教学模式的人本性和灵活性，相信在兴趣的引导下必然能够提升高校散打教学的高质量。

（3）强化武术精神学习，深化武德教育。中国武术博大精深，武术精神更是源远流长，将俱乐部教学模式应用于高校散打教学过程中，应引导学生对武术精神进行细心钻研和深刻领会，在强身健体、自卫防身的基础上加强武德教育，引导学生增强社会责任感，不断提升自我修养。

（4）课上课下相结合，积极延伸教学。高校传统武术散打教学的突出问题是课堂教学实践不足，直接导致教师教学赶时间，学生学习囫囵吞枣难消化。在俱乐部教学模式的应用中，高校散打教师要积极引导学生按照俱乐部教学模式行事，在课下积极参加集中训练，并充分利用现代信息技术加强移动互联互通，实现师生之间的及时答疑解惑，同学之间的互相切磋，以充足的训练时间和融洽的学习关系实现散打教学课堂内外的有机融合。

（三）体育游戏模式在高校散打教学中的应用

1.体育游戏在散打教学中的作用

（1）有利于提高学生的体能。体育游戏通常作为一种体育教育手段存在，它具有很强的综合性以及锻炼性。在日常的体育教学中，学生参与体育游戏的目的往往是体验有趣的游戏过程，是自觉、自愿的，而非强迫的。这种自觉自愿的活动能激发学生的主观能动性。又因体育游戏的形式多样，比起专业的体育课程来说相对活泼，在这种寓教于乐的学习氛围中能最大限度地调动学生的学习积极性，全方位地锻炼学生的跑、跳等身体素质。

（2）有利于培养学生的良好品德。体育游戏与人的品德培养是密不可分的。在散打教学中，学生在参与具有对抗性、竞争性的游戏时，其自身的进取精神得到了激发。同时，这样的体育游戏可以培养学生顽强、拼搏、勇敢等优秀品质。此外，游戏也是有一定规则的，学生在游戏时也能逐渐养成遵纪守法的好习惯。

（3）有利于启发学生的思维。所有的体育比赛都不只是体力的竞争，还有智力的竞争，散打比赛也不例外。体育游戏的动作、环境、条件不断变化，促使学生在进行比赛时认知能力、接受能力和创造力都得到了提高，进而促进学生智力的发展。例如，在进行"算术接力跑""障碍接力跑""两人三足"等游戏时，学生会感到极大的趣味性，在得到训练的同时，学生的应变、思维和创造能力都得到了逐步的提高。教练员也可以设置诸如"角斗士游戏"一类的团体竞赛游戏，双方团队都想战胜对方，就需要一个最佳的合作方案，也需要团队之间的密切合作。学生在这一系列的活动中，其团队合作能力和判断反应能力都得到了显著的提高。

（4）有利于学生的心理健康。体育游戏能将愉悦的心情带给参与者，这些正面的情绪对人的心理健康有着积极的影响。投身游戏环境中的人，能暂时摆脱现实生活中的烦闷与苦恼，其心理压力能得到一定的缓解，促进心理健康发展。此外，若参与者在游戏中胜出，他们能从中获得极大的自豪感、自信心以及满足感。

2.体育游戏在高校散打教学中的运用方法

（1）提高灵敏性。灵敏性是散打选手必不可少的能力之一。要提高学生的灵敏性，可以在散打教学中加入"摸肩"游戏。所谓"摸肩"游戏，就是由两名参与者呈格斗式站立，再结合散打步法快速用手接触对方的肩部，若接触到则记一分，积分最高者获胜。诸如这类的游戏还有"拍手背"游戏，其目的就是为了提高学生的灵敏性。

（2）发展柔韧性。协调完成散打动作离不开人体的柔韧性。要想提高学生的柔韧性，可以在散打教学中加入"一字阵""钻人桥"等体育游戏。"一字阵"要求学生进行劈叉动作，"钻人桥"则是训练学生的腰部柔韧度，在一系列的体育游戏中，学生身体的柔韧度能得到有效的开发和提高。同时，因为游戏的趣味性，学生不再抗拒柔韧训练，反而是乐于训练。

（3）发展上肢力量。散打项目对人体的上肢力量的要求是非常高的，因为上肢力量的大小决定了散打选手出拳的力度和速度，同时会影响到选手摔法的运用和接腿效果。因此，教师要充分认识到训练上肢力量的重要性，加强学生在上肢力量方面的训练。在教学中，教师可以加入"长臂猿云梯"的游戏。"长臂猿云梯"要求学生借助云梯进行训练，学生需要从云梯的这一端，利用上肢力量，双手抓住云梯交替前进，直到到达另一端。这一游戏是训练上肢力量时常用到的方式，它比常规的俯卧撑训练方法更具趣味性和吸引力，能激发学生的训练积极性。

（4）发展下肢力量。下肢力量对散打教学非常重要，直接影响选手步法的灵活度以及腿法动作的力度和速度。因此，教师在散打教学中要注重对学生下肢力量的训练。"跳换弹腿"比赛就是一个不错的选择。这一比赛需要将学生分为两队，两队成员面对面、手拉手相对而站，呈右腿下蹲、左腿向前伸直的状态。学生需要根据教师发出的口令变换姿势，坚持次数最多的一方为胜。这样的比赛不仅训练了学生的下肢力量，还有效锻炼了学生的判断反应能力和灵活性。

（5）提升抱摔能力。抱摔能力是散打教学中必不可少的能力之一。"拔腰"游戏可以很好地锻炼学生的抱摔能力，加强学生的下肢支撑力，提高学生的身体灵活性和爆发力。具体的规则是将学生分为两组，两组成员相对而立，双方互搂对方腰部，弯背屈膝，用力将对方抱起，若对方脚离地，则获胜。

第三节 娱乐运动在高校民族传统体育教学中的创新模式

舞龙舞狮运动是我国民族传统体育项目中最具特色和代表的运动项目之一，具有强身健体之功效，修身养性之价值，娱乐观赏之功能，竞技比赛之用途，是其他体育项目不可替代的。舞龙舞狮之所以得以传承和发展，与我国民族文化、习俗和生产劳动实践有着不可分割的关系。据史料记载，龙是图腾崇拜的反映，而狮的形象也并非最初记载中的西域贡狮，它是被美化和神化的狮子，可以说它们都是在自然属性的动物基础上经历代劳动人民创造的精神产物，体现着中国古代人民的思想观念、宗教崇拜。随着社会政治、宗教、价值观念的发展，龙、狮的精神内涵和艺术形象也在逐渐发展变化。

现在所谓的龙腾虎跃的舞龙舞狮运动从发生学的角度言，他们只是龙、狮历程中的一个后发现象，一个带有延伸意义的现象。每逢佳节，各族人民都以不同的形式开展龙狮活动。随着龙狮运动的普及和广泛开展，龙狮不仅成为一项高校运动项目，还逐步被一些大专院校接受。

由于高校舞龙舞狮教学的发展历程较短，相关的教育教学经验较少，所以在教学实施的过程中仍然存在一定的不足。鉴于此，创新高校舞龙舞狮教学模式十分重要。这不仅有助于优化高校舞龙舞狮教学成效的具体策略，还能为我国高校舞龙舞狮教学活动的健康、良性发展提供一定的参考，为其他娱乐运动在高校的进一步渗透和开展提供了可借鉴的经验和模式。

一、高校舞龙舞狮教学的开展状况

舞龙舞狮教学是在 2000 年以后，才在我国高校中逐渐得到普及和发展的，其中 2001—2004 年，有少数高校开展了舞龙舞狮运动，这一阶段可以看作是我国高校舞龙舞狮教学发展的初级阶段，不但开设舞龙舞狮教学的高校数量比较少，而且在开课形式和开课内容上也比较单一，主要是以课余代表队的形式开展的舞龙舞狮教学训练。在 2004 年全国大学生体育协会舞龙舞狮分会正式启动了"全国百校龙狮进课堂"活动之后，开设舞龙舞狮教学的高校数量开始明显增多，我国华南地区、华东地区及中原地区均有多所高校开设了舞龙舞狮课程，高校舞龙舞狮教学开始进入了快速发展阶段。

二、舞龙舞狮在高校民族传统体育教学中的模式创新思路

（一）"学训结合"模式在高校舞龙舞狮教学中的应用

1.优势

"学训结合"模式较以往的教学模式优势有以下几个方面：第一，体现了学生舞龙舞狮技能，由于授课方式和内容上的创新和改进，通过这种模式使学生对舞龙舞狮有更深层次的理解和认识，对舞龙舞狮的技巧掌握更深入；第二，这种模式的应用，更有利于从中选取优秀学员加入校舞龙舞狮队，龙狮俱乐部可以作为校队的选拔基地，对校龙狮队的延续和发展壮大提供强有力的保障，最后这样的模式更有利于学生个人素质的提升，能增强学生的团队合作意识，对其以后的发展也有帮助。

2.考核标准

舞龙舞狮体育选项课技术的考试与学习的内容既可挂钩，又可不挂钩，突破了原来教什么考什么，学生没有选择余地的做法，学生可根据自己的情况进行期末考评。具体操作中，可以采取"三结合二内容三标准"的方法。

三结合：《体质健康标准》统测，选项技术由选项老师自测和体育课学生学习态度，三个方面结合评分，分别占20%、60%、20%。

二内容：选项技能考核，考核内容可设为上半学期8字舞龙难度动作、舞龙规定套路整套演练，下半学期校狮组合动作、舞龙自编套路演练。理论考核采用网上理论答卷的方式。

三标准：技能考试的方法分为三种，其目的是鼓励学生更好地参与龙狮学习。对于课上被选拔参加龙狮比赛的学生，技能考核免考并给予95分以上，自愿参加校各种表演活动的同学，技能考核免考并给予85分以上，没有参与以上两种方式的同学则参加技能考核。考核内容为8字舞龙难度动作、学校舞龙规定套路整套演练。

3."学训结合"预期的效果

素质一般的学生在基本满足教学要求上，还能增强学生体魄和团队合作意识。对于素质好的学生，不但完成教学要求，对舞龙舞狮技巧的掌握更加深入透彻，而且有机会加入校龙狮队伍，为其提供一个更大的发展空间。

（二）多元反馈教学法在高校舞龙舞狮教学中的应用

多元反馈教学法是在现代教学理论的基础上提出来的一种基于教师、学生和教材之间相互反馈的一种教学方法。多元反馈教学法以多边形的形式呈现。教师在课堂上通过信息传输，让学生在大脑中剖析思考信息，经过学生自己的内化吸收，再把信息以回答问题、完成作业、自我检测、考试、探讨等方式输出。这些输出的信息会得到教师和同伴的反馈，通过反馈，学生会自我调节学习节奏，按照教师设定的教学目标，按适合自己的方式学习，积极思考，从而建立多元的反馈学习模式。

目前，多元反馈教学法在体育教学中的应用已经较为成熟。在舞龙舞狮的课堂中引入多元反馈教学法同样收到了良好的教学效果，因为舞龙舞狮作为传统的民间艺术体育有其良好的群众基础。学生对舞龙舞狮本身就带有好奇心，这对在课堂上提高学生的积极性已经有了很好的帮助。在课堂上引入多元反馈教学法更能在前期已有的基础上，提升学生学习的主动性和创造性。学生的综合素质也能因此得到提高，学习的课堂氛围也将更加融洽。通过课堂实践，在舞龙舞狮课堂上采用多元反馈教学法收效甚好，但是还要注意以下问题。

1.信息调控要及时

信息的多元化反馈是"多元反馈教学法"的主要路径。如何做到及时有效，是教学过程是否完整、教学内容是否流畅的关键。舞龙舞狮的课堂本就是基于流畅的基础上而言的。教学过程中师生的交流非常重要，同伴的理解能力和学习氛围同样重要。学生在实践之上的理论基础，如龙狮的历史、龙狮的意义等也要有深刻的理解，才能在学习实践的过程中将这种理解融入舞龙舞狮当中，才能舞出龙狮的精神，才能达到教学目的。

教学过程中教师要及时和学生交流，对学生在课中表现出来的对龙狮的理解要认真反馈，以便于学生对自身学习的程度有所掌握，才能更好地学习理解这门课程。

2.反馈手段多样化

舞龙舞狮课堂的反馈手段不能单一，要多样化。例如，视觉反馈，通过教师的示范、多媒体视屏的播放等手段，展示积极向上的正确的舞龙舞狮方式。例如，听觉反馈，通过音乐的播放，教师的讲解，教师对动作的及时纠正等。如动觉反馈等。通过多元化的教学反馈激励反馈双方向正确的方向前进。学生在学习中感到学有所得，不仅提高了舞龙舞狮技能，还学到了更多诸如龙的精神、对音乐的理解，对场景的把控能力都有不同程度的提高。

3.教师的素养很重要

多元反馈教学法的一个关键环节就是教师的素养。采用多元反馈教学法的舞龙舞狮课堂对教师是一个挑战。这需要教师有非常强的课堂把控能力、敏锐的观察能力、对学生的反馈能及时把握和调整的能力，以及把自己的信息用一种学生能快速接受的方式及时反馈给学生的能力。因此，多元反馈教学法的应用对教师本身是个挑战。通过多元反馈法教学，教师在专业基础知识与技术、龙狮的历史、教育心理学的理解等方面都会有所加强和提升。同时对教师在教育教学方法的应用上也提出了更高的要求。在新课程改革的理解与把控、教学效果的多渠道分析、信息获取的多渠道性等方面都对授课教师十分有益。因此，多元化反馈教学即锻炼了学生，更锻炼了教师，使教师也要不断地学习适应新教学环境的需要。

4.有针对性的评价教学过程

多元反馈教学法在学生的学习过程与发展性方面是有所注重的。课堂上学生的参与度，学生的学习体验，对学生的评价、考核等，都应该基于公平性与整体性之上。在对学生做出评价时要有针对性，不能一概而论。要透过现象看本质，对深层的原因要合理分析处理。在多元反馈教学的基础上做出中肯的反馈和评定。

（三）PBL 教学模式在高校舞龙舞狮教学中的应用

1.PBL 教学模式的理念

早在 1969 年美国神经病学教授霍华德·白瑞斯在加拿大的麦克马斯特大学首创了以问题导向的教学方法（Problem Based Learning，简称 PBL），即"基于问题的学习"。[①] "基于问题的学习"是一种自 20 世纪后半叶以来受到国际社会普遍认可的研究性教学模式，目前已被国外特别是欧美国家广泛应用到包括医学、生物学、生理学、心理学、工程学、经济学、管理学等多个学科领域的教学中，取得了显著的教学成果。基于问题的学习，不同的学者有着不同的理解，当前较为权威的定义是美国的南伊利诺斯大学的霍华德·白瑞斯和安·凯尔森博士给 PBL 下的定义：PBL 既是一种课程，又是一种学习方式。PBL 教学模式是以案例为先导、以问题为基础、以学生为主体、以教师为导向的小组讨论式的教学方法，其精髓在于锻炼学生分析问题和解决问题的能力。作为课程，它包括为学生精心选择和设计的问题，而解决这些问题要求学习者能够获取关键的知识，具备熟练的解决问题的技能和自主学习的策略；作为一种学习方式，学习者要使用系统的方法去解决问题及处理在生活和工作中遇到的难题。

舞龙舞狮项目一般分为规定套路、自选套路和竞速龙狮，就训练而言，龙狮教学与训练一直面临着不同学生在同一技术组合或规定组合动作的发展速度和水平不同；同一学生在不同的技术组合或自选组合动作运动项目中所表现出的能力各不相同；不同学生在不同的技术组合和自选套路呈现出不同的艺术审美、表现力等差异性，造成综合能力的偏差。而 PBL 教学模式较好地解决了龙狮教学与训练冲突的情景，能够激发学生学习的积极性、主动

---

① Neufeld V R, Barrows H S.The "McMaster Philosophy"：An approach to medical education[J].Med Education, 1974（49）：1040.

性和创造性，培养其协同性、互助性，能更好地培养学生的综合能力；也能促进指导教师业务水平的提高，真正做到教学相长。

2.PBL 教学模式在高校舞龙舞狮教学中的实施现状

根据白瑞斯的模型，PBL 教学模式在实施过程中大致包括组织问题解决小组、提出问题、学生内化问题、分配任务、提出假设、综合分析资源与任务、解决问题、检验问题方案的正确性、反思与总结。在高校舞龙舞狮教学实施 PBL 教学模式过程中存在两个起承递进、相辅相成的活动过程：其一，分析问题、形成假设、检验假设和修正假设，最终解决问题的过程；其二，学习核心内容的明确，由此引发的舞龙舞狮技术理论检索与舞龙舞狮技能尝试性技能迁移，该迁移围绕着问题解决而进行，旨在获得知识与掌握技能的学习活动。虽然两种活动的目的和过程不尽相同，但两者都是围绕着问题解决活动实现不同目标与路径的整合。PBL 教学模式由五个相关联部分所构成：一是龙狮技术动作问题或情景模拟，二是确定教学目标，三是教学内容，四是教学过程，五是教学评价。

PBL 舞龙舞狮教学模式就是由教师将舞龙舞狮课程分为若干技术模块，并将学生分成小组，在每个技术模块的学习时，先由教师提出"情景性、比赛性、实用性"为一体等复杂技术学习问题、技能迁移中可能遇到的问题、演练比赛过程中易失误问题，然后指导小组内部分工协作，通过自主合作和探究，让学生自行建构龙狮基本技术体系、掌握龙狮技能和协作完善动作规格，然后本组成员自主探索学习，初步技能定型，通过检查、评价，实施反思、纠正，舞龙舞狮技术动作进一步得到巩固定型，总结反思在整个过程中学到的技能和知识。舞龙舞狮运动是一项集艺术、武术等于一体，由诸多学生协同合作基础之上完成的一项运动。该运动技术性强、方位变化多、路线复杂，是肢体练习之无序到有序状态的渐进过程，表象在演练水平上，演练水平本身就是情景创设、协同配合、艺术感觉要素之叠加。

PBL 舞龙舞狮教学模式的精髓是利用具体技术问题和情景演练效果作为引导学生自主获取和应用新技能的驱动力，有利于培养学生的探究意识与团结协作能力，而这些正是我国高等院校体育教育追求的目标，然而基于当前高校龙狮教学现状，发现将 PBL 应用于舞龙舞狮教学实践会遇到如下困难：一是 PBL 要求教师具备很高的理论水平和实践能力，否则就把舞龙舞狮技术动作的衔接割裂开来，不利于学生对舞龙舞狮整套技术的掌握。而目前情况，多数高校舞龙舞狮教师普遍理论水平偏低，要求每个教师在其教授舞龙舞狮课程中都全面使用PBL模式划分技术模块分解技术再综合技术教学显然不现实。二是PBL对学生素质的要求较高，一般来讲，有一定武术功底能更好地进行练习。只有能够积极主动地学习、不怕困难，掌握较高学习技能兼具分工协作能力的学生才能从PBL教学模式中受益。由于长期采用"一刀切"的教学方法，不能体现因材施教和区别对待的原则，造成技术好的学生"吃不饱"，技术差的学生"吃不消"的现象，也不利于学生体育兴趣的培养，此外，学生身体素质水平和舞龙舞狮技术水平的个体差异也是一个突出因素。实施PBL舞龙舞狮教学模式收效甚微，甚至不如传统教学模式效果好。另外，学生进入大学前接受的基本上是传统模式下的体育教育，学生习惯于被动接受而不是主动获取，骤然实施PBL必然让学生难以接受。三是PBL要求学生必须可以从外界获取大量龙狮教学资源（如比赛经验、网络视频、训练情景模拟等），资源缺乏导致自主协作学习无法实现。

3.PBL教学模式在高校舞龙舞狮教学中的创新策略

舞龙舞狮知识技能的认知与延伸，正是教授者龙狮教学过程的整合与情境的设计。PBL教学模式正是从概念建构到情境效性的转变。因此，在实际龙狮教学情境中，要发挥PBL教学模式的最佳效果，必须遵循三个转化。

（1）从技术同化到技术平衡的转化。"建构主义"学者认为，个体对知识的理解和思考方式是以心理活动的图式框架或组织结构为核心，将知识掌握三个层次：同化、顺应和平衡。教学同化是指学习者对刺激输入的过滤或改变过程，即在舞龙舞狮技术学习中，表现为舞龙舞狮技术的动力定型；顺应是指学习者调节自己内部结构以适应特定刺激情境的过程，即自身龙狮技术掌握在吸收舞龙舞狮教学资源的新技术生成；平衡则是指学习者通过自我调节机制使认知发展从一个平衡状态向另一个平衡状态迁移的过程。龙狮技能形成过程就是通过同化与顺应过程逐步建构起来，即从动作技能初学阶段到自动化形成阶段，并在"平衡—情境变化—不平衡—情境变化—新的平衡"的循环中得到丰富、提高和发展。舞龙舞狮技能的掌握与延伸正是新的平衡态形成。以学生为中心，让其自主性构建对舞龙舞狮技能的理解。从建构主义视域下，其核心为"以学生为中心，将舞龙舞狮技能同化到平衡的状态聚焦于学生，实现情境突变的技能迁移"。

（2）从教学输出到教学互动的转化。维果斯基的"最近发展区"理论指出所谓教学就是在学习的最佳期限内把"现有发展水平"调整到"第二发展水平"，即"最近发展区"。① 那么，怎么样才能实现"最近发展区"阶段龙狮教学呢？舞龙舞狮技能的掌握由单一技能到多元技能的转化，由简单技能到复杂技能的转化，由非对称技能到对称技能的转化。舞龙舞狮教学有其自身特殊性。教学本身就是发展，由教学动态决定，关键不是注重学生已完成的发展过程，而是关注正处于形成或正在发展的过程，关键是教师角色的转换与方法的灵活。PBL 教学模式"以学生为中心，以情境问题解决为主线"，培养学生学习问题意识、批判性技巧、问题解决的实践能力为目标的教学模式、在舞龙舞狮技能学习中，教师经历了不同角色的发展变化，体现了动态静变之互动。同时，依龙狮项目的特殊性，实现情境创设、协作会话、意义建构，建立"学会教学"与"学会学习"的双赢教学。

（3）从角色差异到师生双主体的转化。PBL 教学模式改变了过去以传授体育技能、灌输理论为内容的学习，而是以"发展舞龙舞狮技能运用能力"为目标，教育主体是学生，教师不再充当信息知识来源的角色，而是促进学生协作自学，作为学生学习的引导者。因此，PBL 教学模式要求教师不但要具备应有的专业素质，而且要及时转变角色，从课堂的主宰和单纯的知识技能灌输者变为学生学习的指导者、帮助者、促进者和课堂教学的组织者，还要成为龙狮技能学习中介者、教学学习者和理论研究者；要求教师努力从动作技能的传授者转换成技能的培养者和理论传播者；从龙狮教学活动中的主演转换成教学活动中的导演；从书本知识的复制者转换成自主学习的引导者；从外显权威转换成内生权威。PBL 教学模式在舞龙舞狮教学中的实施，教师角色由台前走到了幕后，由学生学习活动的支配者转变为学习活动的支持者、指导者。为了保证 PBL 龙狮教学的有效实施，教师需要对龙狮问题中学习目标的指向性、问题所处的真实情景、学生已有的认知水平、资源的可获取性、技术难度等有较全面的把握。虽然教师的权威性在某种程度上削弱了，但教师角色在学习过程中的重要性得到了加强。因此，PBL 教学模式要求教师以其自身的理解和方式对教学理念和方法进行不断的过滤和诠释，更加凸显教师的指导作用和学生的主导作用，重塑双主体地位，真正实现从认知龙狮概念、技术动作建构到龙狮教学互动、龙狮表演情境的转变，即从同化到平衡、方法到教师、角色到差异的转变。

---

① 胡蕾，张世宇 . 维果茨基"最近发展区"理论的应用和启示 [J]. 法制与社会,2007(4): 631-632.

第四章 区域性高校开展民族传统体育项目教学模式的实践研究

第一节 东北地区高校开展民族传统体育项目教学的实践研究

一、东北地区民族传统体育的文化内涵

民族传统体育能够得以传承和发展的前提是明确其内涵特质。作为教学和科研基地的高等学府理应承担起对民族传统体育内涵实质的挖掘工作。少数民族体育文化作为一种人类社会文化的补充与完善，除了具备一般文化的特征之外，还具有自己独特的内涵和民族文化特征。有人认为少数民族传统体育界是长期流传于各少数民族中具有浓郁民族性、地域性特征的以强身健体和娱乐为主要目的的民间体育活动。少数民族传统体育文化具有教育、健身、娱乐、交往、经济、竞技等多元功能。东北地区的民族传统体育呈现出少数民族特色和北方地域特色。深入挖掘民族传统体育文化的精神实质有助于整理出其传承和发展的核心理念，笔者认为，东北地区民族传统体育文化的内涵应至少从如下四个方面展开。

（一）娱乐与健身

资料可查，在较富裕的少数民族地区，蒙古舞、朝鲜舞等已经成为当地

晨、晚练的一道风景。即使在少数民族人口稀疏的居住地区，也常见东北大秧歌遍地开花。"秧歌舞"，又称"浪秧歌"或满族秧歌，是东北长春一带的满族人喜爱的文艺表演形式，也是东北地区各民族广为推崇的集体舞形式。关于"东北大秧歌"的起源，中国民间有一种说法是在清朝康熙年间，由流放到塞北的囚徒中的艺人文士，将内地的戏曲歌舞带到东北，到了乾隆嘉庆时期，这种歌舞活动融合了东北人民的热情浪漫，与龙灯、旱船、舞龙舞狮、踩高跷等形式结合在一起，形成了独具稳、梗、翘风格的秧歌舞；民间的另一种传说是东北秧歌是北方劳动人民长期创造积累的艺术财富，它起源于插秧耕田的劳动生活，又和古代祭祀农神祈求丰收、祈福攘灾时所唱的颂歌、攘歌有关，并在发展过程中不断吸收农歌、民间武术、杂技及戏曲的技艺与形式，从而由一般的演唱秧歌发展到今天广大群众喜闻乐见的一种东北特色民间歌舞。可见，民族传统体育的健身功能、娱乐功能进一步被放大。

（二）竞赛与合作

民族传统体育的竞赛与合作可以表现出两种功能：一种是项目本身的竞技功能，即比试体能储备、技战术水平及心理素质水平；另一种是从事这类项目的选手，只要在技术上稍加改进有可能成为运动员，为国争光。东北地区有些民族传统体育活动具有较强的竞技性，诸如抢枢、射箭等。这些项目参与者重视结果，很多情况是为荣誉而"战"。由于少数民族多、分布广，各民族之间竞赛规则之间有差异，因此要实现传承与发展，就需要对这些项目做改造，简化规则，便于推广，申请非物质文化遗产，防止失传。

（三）挑战与超越

自然地理情况影响气候特征，东北地区有将近半年的时间处于冬季。天寒地冻的气候磨炼了当地居民与艰苦自然条件抗争的精神，许多冬季特有的运动项目也为这里的百姓提供了挑战自我、超越自我的机会。例如，冬泳已成为享誉国内外的冬季运动项目。挑战与超越也就成了我们民族传统体育文化的重要特色，即运动参与者以挑战自我（或记录）为目的，这样一来，十分有可能将参与某一运动发展为终身兴趣。此外，这种挑战与超越也应该是量力而为和循序渐进的，参与者对这一性质的体会和认同能够极大程度上关注和理解我们民族传统体育文化的精神要义。东北地区的冰雪为运动参与者们营造了良好的氛围，从远观赞叹到置身其中，冰雪成为冰雪运动的无形推手，使更多人成为古老又时尚的冰雪运动爱好者。

（四）坚持与变通

很多冬季运动项目对场地要求很高，受到气候的影响和限制，在其他季节无法照常展开。但东北地区各民族人民用智慧营造出了四季皆可的运动条件。冰爬犁、冰滑车、抽冰猴（类似陀螺）运动从冰面走向广场，参加冬泳的人做常年游泳的锻炼和定期冬泳挑战……各种变通使短暂的运动得以长久开展。东北地区的运动项目种类繁多，但有的项目之间相似度很高，这也是不同地方或不同民族人们在传承中的不同演化：异中求同就能使不同民族因体育而增进彼此间的交流，同中求异就能促进权衡优劣、不断精进。这样一来，在东北地区，一年四季有许多可以开展的运动，让人们亲近自然，也更了解自己。民族传统体育成为东北地区居民生活、社交的重要组成部分，一举多得。

二、东北地区高校民族传统体育项目的开展情况

东北地区位于我国山海关以东以北，包括黑龙江、吉林、辽宁三省，是我国最冷的地方，面积近 80 万平方公里，人口达 1.1 亿，约占全国人口的8%。3 个省都是多民族、散杂居的省份。其中，黑龙江全省共有 53 个少数民族，少数民族人口数约占全省总人口的 5.26%。吉林省的少数民族人口数占全省总人口的 9.03%，将近半数的少数民族聚居于延边朝鲜族自治州、长白朝鲜族自治县、前郭尔罗斯蒙古族自治县和伊通满族自治县。辽宁是一个多民族的省份，少数民族人口数约占全省总人口的 16%，少数民族总数居全国第 5 位（仅次于广西、云南、贵州、新疆），少数民族的普遍存在使文化多元化成为事实，而少数民族的特色体育项目是少数民族文化的一项重要显性表征。东北地区少数民族传统体育运动源远流长，特色的少数民族运动会异彩纷呈，秋千、踢毽子、射击射弩、民族式摔跤等传统体育项目特色鲜明。如今被挖掘和整理出的项目已有千余种。冬泳、太极拳、长拳、冰猴、冰爬犁等为代表的民族传统体育项目在东北地区广泛开展，挖掘这些民族传统体育项目的文化内涵有助于民族传统体育文化的传承和推广。在学校教育尤其是高等教育中普及相关知识，有助于民族传统体育的继承和发展。

（一）冬泳

相传冬泳运动始于古代渔猎时期，最早的文字记载见于西周，其后先秦《庄子·秋水》中也有过关于冬泳的描述。据《论语·先进篇》文字推知，孔子喜欢在暮春之际到冰凉的沂水河里游泳也是一个佐证。这项运动是在科学的指导下，针对适应冷刺激（应激）所进行的训练，医学界和体育学界专家学者已在冬泳养生的观点上达成共识。符合传统体育文化中的养生观念和全面发展观念。

（二）太极拳与长拳

太极拳和长拳虽然不是起源于东北地区的体育项目，但在东北地区民间享有非常广泛的认可，民间操练者众多，且也正因此，在近些年的世界体育文化交流中，太极拳成为和汉语知识并驾齐驱的推广工具，被海外众多中国传统文化爱好者所追捧。2016 年 5 月 5 日国家体育总局召开《体育发展"十三五"规划》新闻发布会，对太极拳等项目在民族传统体育文化传承和发展过程中的作用给予了肯定。

（三）游戏项目

冰尜、冰爬犁等项目在东北地区可谓家喻户晓，丰富了东北人的童年生活。东北地区的冰雪运动众多，除起源于欧洲、业已选入奥运会项目的滑冰、滑雪项目之外，民间许多项目都有着很好的群众基础。

综合考虑各种条件，太极拳、滑冰（轮滑）等运动有条件成为高校体育的教学内容。而且，这些内容的开展不应只关注运动本身，作为高校，应该在传统体育文化精神的传承和推广上下功夫。

三、东北地区高校在传承和发展民族传统体育文化中的责任

高校在民族传统体育的传承和创新中承担着重要责任。目前，由于外来竞技体育的冲击，使我国民族传统体育文化所具有的价值和功能尚未得到有效实现和广泛的扩展。作为高校，应以马克思主义的世界观和方法论来指导民族传统体育文化的传承和创新，使民族传统体育文化的发展有益于师生的身心健康，有益于优秀传统文化的弘扬和发展，有益于体育文化产业的创新

和体育经济的良好发展，使广大人民群众真正受益于民族传统体育文化的发展和创新。高校作为青年学生成长和受教育的重要场所，在民族传统体育文化传承方面不应敷衍行事，学生在高校中接受的理念和养成的习惯，在回归家庭生活后会影响更多的人，这种信息传递是最有效的，高校应当把握时机，使在校学生广泛培养这方面的兴趣。民族传统体育文化的传承和创新是一脉相承的，高校的专家、教师、科研工作者及青年学生也是我们民族传统文化创新的主力军，当民族传统体育文化成为学生生活的一部分时，他们的思考和创新是水到渠成的事情。而东北地区的高校在体育文化传承和推广中又占有重要地位，高校的社会活跃度高、群众基础好，是连接重大体育赛事活动和市民日常娱乐健身的桥梁，是将民族传统体育文化的精神实质同形式多样的民族传统体育项目联系起来的纽带。因此，对该地区高校传承责任的讨论意义重大。

高校应利用其高素质人才优势、科研优势、先进的信息交流系统和丰富的信息资源优势，较完善的器材、场地和完备的体育教学体系优势，加大民族传统体育在高校教育中的比重，担负起对民族传统育文化传承与发展的责任。

（一）传承和创新民族传统体育文化

民族传统体育文化的传承和创新不应是盲目和无序的，对传承和发展理念的论证有助于系统、科学地继承和发扬优秀的民族文化。

1. 理论基础

教育、健身、娱乐、竞技民族传统体育不但具有健身性和娱乐性，而且还具有很高的艺术价值和教育功能，它是学校体育教学的活力源泉之一，也是未来体育与健康课程重点开发与利用的宝贵资源。现状是我国高校体育教学中过于强调现代竞技体育内容，而忽视了传统体育的传承和发展。事实上，高校体育教育应使学生养成良好的生活习惯和体育锻炼习惯，培养广泛的体育爱好，使体育活动成为其生活中不可或缺的重要内容。未来的高校体育的发展方向应打破以竞技内容为主的教学体系，使其从竞技化转向民族化、娱乐化、健康化的良性轨道上来。只有这样，才有可能突破我国职业体育和金牌体育的窘境，真正实现"健康中国"的体育目标。

2. 概念建构

特色项目、终身爱好、开拓未来、拥抱世界高校是青年学子发展心智和增长学识的沃土，应充分利用这一优势，在有限的学制中培养学生的体育爱好，并尽可能使体育项目背后的体育文化和体育精神深入人心。在未来的生活中，其对民族传统体育项目的热爱将驱动自身发展提高，在更大范围内拓宽其视野和拓展进步空间。从国家的层面来讲，国家间的交流也极有可能通过一个个深刻理解民族体育文化的分子实现我国民族文化软实力的提高。我们认为，高校应该加深学生对民族传统体育的理解，使其形成终身爱好。

（二）传播与交流民族传统体育项目

高校是培养祖国新青年的摇篮，是培养国家运动员的阵地，同时是连接中国和世界的重要桥梁。作为高校，不但要对民族传统体育文化内涵进行传承和发展，而且要利用自身先进的信息交流系统和丰富的信息资源优势对民族传统体育文化进行传播和海外推广，使中国民族传统体育在世界扬眉吐气。

中华民族五千年文明是世界的财富，民族传统体育是敲开世界大门的金砖。作为高校，应积极传播和弘扬优秀的民族传统体育文化，积极促进与各国人民的文化交流，为世界文化的繁荣和社会的进步贡献力量。

目前，在国际交流中高校交流占据了重要的席位。交流的内容包括经济、文化、科技、艺术等各个方面，体育作为文化的重要组成部分跨越语言障碍实现了有效交流；交流的形式主要有宣讲、参观、体验等，遗憾的是，在众多交流中很多情况下是我们的民族传统体育作为表演进行展示，对方的参与度不高，这一方面与西方竞技体育的参与盛况还是存在差距的，也是未来我们民族传统体育文化推广的努力方向。

四、东北地区高校民族传统体育教学模式的构建路径

（一）调整课程设置：必修与选修课程相结合

目前，东北地区高校的体育课程均为必修课，个别学校根据师资情况开设部分选修课。我们认为，可以通过必修课与选修课相结合的方式，将民族传统体育项目在大学生中间推广。对于青年学生来说，读书期间培养一种爱好，就可能为其未来的生活搭建一个平台。而必修课与选修课相结合的方式是较容易按学生意愿培养起兴趣爱好的方式，未来，国家就会多很多民族传统体育文化的义务宣传员。

（二）调整教学内容：实践与文化部分相结合

高校的体育教育不应局限于技术要领的传授，应与传统体育文化相结合，在开设相关课程时有所侧重。以太极拳、长拳的教学为例，掌握动作要领和套路是初级目标，能深刻理解太极文化和中国武术文化是较高层次的要求，如果能在语言沟通等方面达到可以向外国人介绍这个项目的历史，传播其内在的养生、文化之道才是最高目标。东北地区许多运动项目受冬季寒冷气候的影响不宜展开，而太极拳、长拳的操练对场地要求不高，即使在较为低温的环境下操练也有益于增强体质，是体验文化的一个重要方面。

（三）调整管理措施：课堂教学同课外社团双管齐下

将民族传统体育相关内容植入学生的心灵才是有特色的教育、成功的教育。管理上，应提倡通过各种形式调动学生的积极性，提高其参与度，在课上、课余以各种形式接触我们的民族传统体育和其背后的丰厚文化。东北地区社会环境也比较适宜开展各种形式的相关活动，高校应该为学生提供引导和支持。

（四）调整办学模式：增进国内外高校的合作与交流

高校的国际交流意义重大，是存在于民间的高质量交流，且容易在青年学生中产生广泛而深远的影响，合理利用事半功倍。在国际交流学院应专设相关课程，使有机会交流的师生先具备充实相关知识的条件。此外，高校可以通过培养相关队伍，在合作与交流过程中呈现出较为成型的作品，既锻炼了参与者的能力，又起到了文化推广的作用。

第二节 西南地区高校开展民族传统体育项目教学的实践研究

本节主要选取西南地区中四川省与贵州省高校民族传统体育教学进行研究，以分析四川省和贵州省高校民族传统体育教学的现状与对策，为其他高校民族传统体育教学提供了宝贵的经验。

一、四川省高校民族传统体育教学实践

四川地区主要居住有彝、藏、回、汉、羌等少数民族，造就了神秘而古朴的藏、羌、彝等民族传统文化风情。少数民族传统体育集娱乐、休闲、健身、教育等于一体，是难得的体育课和课外活动的教育素材。2019年国务院办公厅印发的《体育强国建设纲要》中强调要促进区域协调发展："挖掘中西部地区独特的体育资源优势，形成东、中、西部体育良性互动格局。丰富革命老区、民族地区、边疆地区、贫困地区群众的体育生活，做好体育援疆、援藏工作"。把民族传统体育项目纳入高校体育课堂教学和课外活动中，不仅能丰富高校体育课堂教学内容，弘扬民族体育文化，培养学生的学习兴趣，丰富他们的知识，促进学生身心的健康发展和运动技能水平，还能彰显具有少数民族特色的体育教学内容和形式，更好地激发同学们的民族自豪感。

（一）四川省民族传统体育融入高校课堂的可行性

由于民族传统体育是一种寓竞技性、技巧性、游戏娱乐性、艺术观赏性和趣味参与性为一体的综合体育活动，受地域与民俗的影响，具有浓厚的地方特色，在开展过程中既要保存其特色，又要适应学校体育课的开展，必须进行一定的改进，才适合在大学体育教学中应用。高校应结合体育课、课外体育活动、运动会、学生社团活动、民俗节日等形式，对民族传统体育进行有效整合，形成载体，使学生在参与中逐步提升认知度以带动家庭、社会参与的热情和兴趣。这样，高校的民族传统体育在文化传承上，则摆脱了原生态生存环境，异地传承，突破了民族体育文化的地域限制，拓宽了学生视野，将民族传统体育文化的根深深扎在学生心中，使他们成为民族传统体育文化的继承者和传播者。

民族传统体育历史悠久、功能齐全，具有独特、深厚、丰富的文化内涵，是宝贵的民族文化财富，具有极大的开发价值。因此，系统地挖掘整理具有四川特色的民族传统体育项目，去粗取精，结合本地的传统优势及大学生的兴趣爱好，因地制宜地在高校开设或选用适合本校教学的民族传统体育项目，是推动民族体育活动开展的关键，是其他艺术门类不可代替的，能开启同学们的心智，提高身体素质、愉悦身心、减缓压力，实现体育教学科学

化、合理化、多样化、民族化发展，不断提高大学体育教学的地位，使其变成学生真正喜欢和终生受用的体育锻炼课堂。例如，内江师范学院在公共体育课中大一第一学期开设了具有民族特色的武术操、武术套路等传统体育项目，在体育学院体育专业开设了龙舟课等课程，收到了良好的教学效果，得到同学们的喜爱。

（二）四川省高校民族传统体育教学模式创新策略

1.提高认识，转变思想观念

发展民族传统体育，传承民族传统文化，需要提高认识，转变思想观念。因此，作为高校领导要解放思想，提高认识，鼓励普通高校开展民族传统体育活动，明确开展民族传统体育教育的重要意义；加大民族传统体育教学的比重，使学校民族传统体育在高校体育中获得应有的地位；意识到民族传统体育的多元功能和作用，将提高学生身心健康与传承民族传统文化和发展民族传统体育事业进行有机结合。高校体育教师应转变旧的教学观念和课程理念，加强对民族传统体育知识的学习，在教学中，从实际出发，遵循民族传统体育特殊的教学特点和教学原则，选择恰当的教学方法，提高民族传统体育教学的质量。

2.对民族传统体育进行整理、筛选与创新

四川是一个多民族的省份，有 55 个少数民族，民族传统体育项目众多，我们应该加强对民族传统体育研究的力度，加强对民族传统体育的分析和论证，把最具有代表性、最能体现民族文化，便于操作，又能满足广大学生身心特点的项目挖掘出来，经过整理、筛选、创新和提炼，取其精华，去其糟粕，使民族传统体育更具时代性。在民族传统体育教学中，首先应当注意内容的选择，既要考虑它的健康性、实用性和可操作性，还要考虑项目的适宜地域、季节和本校的实际情况，要因地、因时、因人进行选择；其次，要有针对性和目的性，在开发和利用民族传统体育课程资源时要更新课程的理念，做到传统性与现代性相统一、技术性与文化性相统一；最后，还应该考虑到课程内容开设的条件是否与学校的实际情况和师资力量相符合，以及当地的民风民俗等。

3.加强教材建设，注重理论传授

教材是重要的教育教学因素，它既是学生学习的依据，也是教师教学的依据，因而应加大对民族传统体育教材的编写。依据实际的需要将能够开展的民族传统体育项目编订成册，为高校民族传统体育必修课、选修课以及保健课等的开设提供教材，编写的内容不仅要涵盖技术技能方面，还要包含理论方面。运用现代体育科学理论，对民族传统体育产生的文化背景、历史渊源、特色特点等进行深入的、系统的研究，促进民族传统体育更具民族化、规范化，进而逐渐形成一整套完整的民族传统体育教材体系。

4. 开展形式多样的民族传统体育活动，营造良好的校园文化氛围

课外民族传统体育活动是高校民族传统体育教学的补充和延续，是高校民族传统体育的重要组成部分，能在一定程度上缓解课时不足的问题。因而，从发展民族传统体育的角度来看，对高校开展民族传统体育活动的范围，不能局限于体育课堂教学之中，应该有目的、有计划、有组织地广泛开展各种形式的民族传统体育活动，从而合理地实现课内外相结合。比如，可以组建民族传统体育学生社团、民族传统体育训练队，也可以成立民族传统体育表演队，在学校运动会、大型活动上进行表演，或举办高校民族传统体育文化艺术节。通过开展一系列丰富多彩的校园民族传统体育文化活动，不仅使高校体育文化的内容更丰富，形式更多样，还可以提高师生对体育文化的认同，培养高校师生参与的积极性。所以，营造良好的校园民族传统体育文化氛围，是促进高校进一步开展民族传统体育活动的重要途径。

5. 提高教师队伍整体素质

高校民族传统体育教学主要依靠教师来完成，因此提高教师队伍整体素质显得尤为重要。第一，通过举办各种培训班，对现有民族传统体育教师进行培训，以提高其教学技能。第二，有些民族传统体育操作起来比较简单，通过看书、浏览视频就可以轻松掌握运动技巧。第三，组织四川省高校间的民族传统体育项目交流活动，通过交流，共同探讨教学及科研中存在的问题，更好地提高教学质量。第四，适当减轻教师压力，这样教师才有更多精力投入民族传统体育的教学上来。另外，聘请校外民族传统体育能手到学校教授民族传统体育，这样可以更好地让学生领悟民族传统体育的内涵。

二、贵州省高校民族传统体育教学实践

（一）贵州省高校开展民族传统体育教学的可行性

贵州省高校开展民族传统体育项目，具有许多优势：首先，具有良好的

地域、文化优势；其次，目前贵州高校的体育教学现状，需要融入新的血液；再次，教育厅、高校都认识到目前体育教学的状况，比较重视民族传统体育项目的开发等。

1. 地理优势

地处西南边陲的贵州，是多民族聚居的省份，在这片多彩的土地上，生活着 56 个民族，其中世居贵州的少数民族就有 17 个。特殊的地域环境、生活方式、宗教信仰和文化特征，孕育了文明剽悍、勇敢尚武的民风，形成了丰富多彩的民族传统体育项目，可以就地取材，并有所选择地开展民族传统体育项目的教学。

不同民族大杂居的贵州，有着良好的民族文化氛围，加上贵州高校有 60% 以上的学生来自贵州的不同地区，因此在贵州高校体育课堂和课外体育活动中开展、推广民族传统体育，学生更容易理解与接受。

2. 经济状况

不同民族大杂居的贵州，在现代化的建设中需要大量的资金、技术和人才。而对于人才，既要有过硬的专业本领，又要有丰富的民族知识，了解民族文化传统，尊敬当地的民族文化和浓厚的民族情感。因此，在贵州现代化建设中，在高校教育经费投入不足的情况下，特别是在少数体育课堂、课外体育活动等场所、器械不足的情况下，发挥贵州民族传统体育资源，为贵州体育事业的繁荣和发展服务，显得尤为重要。

3. 贵州省政府对少数民族传统比较重视

贵州正在利用地域、民俗优势，大力传承与发展贵州少数民族传统体育，如贵州省及市县开展的少数民族体育运动会；贵州省各地区少数民族体育训练基地的不断增加；特别是少数民族传统体育运动会通过实践训练、宣传以及实际行动开展少数民族传统体育运动，均有利于贵州高校学生正确理解和接受少数民族传统体育项目。

4. 其他高校的成功经验

吉首大学充分利用当地民族传统体育文化资源，在高校课堂有选择地开设民族传统体育课程，培养了一大批民族传统体育爱好者和后备人才，为当地的体育发展做出了很大的贡献。[①] 中央民族大学从体育教育专业和公共体育课程体系上确定了少数民族传统体育教学内容，学生学习的积极性和热情

---

① 龙佩林，白晋湘，钟海平，等 . 吉首大学民族传统体育课程教学研究与实践 [J]. 吉首大学学报，2000（3）：76.

很高，取得了优异的成绩。民族学院的每位体育老师至少掌握着一两项少数民族传统体育项目，常开展少数民族传统体育的教学、训练、课外的指导等，取得了丰富的硕果。因此，在贵州高校开展少数民族传统体育同样有很好的前景。

（二）贵州高校民族传统体育教学模式创新策略

1.贵州省领导和高校领导要高度重视

百年大计，教育为本。贵州省教育厅、高校领导要根据自身的情况，积极贯彻国家对《中国教育改革和发展纲要》《全国普通高等学校体育课教学指导纲要》《大学生健康教育基本要求（试行）》等文件的精神要求，重视本地区的少数民族传统体育，充分发挥贵州少数民族传统体育的效能，形成文件，积极地、有所选择地以及有计划、有目的地在贵州高校开展少数民族传统体育的教学。

2.加强贵州高校少数民族传统体育课程的师资力量配置

开设少数民族传统体育专修、选修课，最为缺乏的条件就是师资力量。因此，应在贵州高校创新民族传统体育项目教学的模式。首先，要开展对本区域和其他区域少数民族传统体育的研究，定期对教师进行培训，给各高校教师提供相互交流、学习、借鉴的机会；其次，各高校要组织教师到贵州各少数民族聚居地区，收集、整理少数民族传统体育项目，必要时对这些少数民族传统体育项目进行改造，选出适合本校开设或公选的少数民族传统体育项目；再次，贵州各高校可以开展资源共享，实现教师间的相互交流、学习。

3.规范少数民族传统体育课程教材

教材是在现有条件下，将少数民族传统体育项目纳入学校体育教学，使之成为贵州高校体育教学内容的重要组成部分。除专业稳定的师资队伍外，还要有科学、规范的教材，需要体育教师在对贵州省少数民族传统体育的理论、技术、方法等进行系统整理、研究的基础上，编写出适合贵州高校自身发展要求的、可操作性强的教材和教学大纲，并可以根据贵州高校学生身心发展特点，合理安排少数民族传统体育教学，促进教学的规范性和科学性。

4.建立可操作性强的民族传统体育教学评价体系

除配备相应师资和规范的教材、教学大纲外，还要建立对民族传统体育的管理和评价机制。民族传统体育以健身性、活动性和游戏性为主，效果主要体现在参与过程中，其教学目标较难进行测量和评价，因此探索建立和完善民族传统体育项目学习评价体系和考核方法是实施过程中的又一重任。

5.对贵州省少数民族传统体育项目进行整合与开发

在开展少数民族传统体育项目的教学时，需对贵州少数民族传统体育项目进行整合与开发。例如，武术、太极拳（剑、刀、扇）、跳绳、踢毽子、推铁圈跑、爬杆比赛、荡秋千、打陀螺、跳竹竿、丢沙包、跳皮筋、拔河等公共课；板鞋竞速、押加、高脚竞速、抢花炮、蹦球、珍珠球、打陀螺等专项体育课。这些项目不仅可以活跃课堂气氛，丰富课堂教学内容，还可以使贵州少数民族传统体育得到很好的传承和发展。

6.借助西方竞技体育的比赛方式，开展形式多样的比赛

贵州高校应开展形式多样的少数民族传统体育教学比赛，亦可以邀请几所兄弟院校参加各种少数民族传统体育的比赛，以比赛助交流，以交流助提高。此外，贵州各高校还可以成立各种少数民族传统体育俱乐部或协会，招收有此特长的学生进行相互学习、交流。

第三节　东南地区高校开展民族传统体育项目教学的实践研究

本节主要选取东南地区的广东省高校民族传统体育教学实践为研究对象，以分析广东省高校民族传统体育教学模式的现状与构建策略，为其他高校民族传统体育创新教学模式提供宝贵的经验。

一、广东高校开展少数民族传统体育的意义

（一）发挥生源优势，培养民族传统体育运动员

高等学校，特别是承担着培养少数民族学生任务的高校，其招生计划中有相当数量的指标面向少数民族。少数民族学生大多来自偏远地区，因家乡经济、交通、通信等条件相对落后，一些具有体育天赋的学生没能得到展示体育才华的机会。而高校恰恰可以利用少数民族学生比较集中的有利条件，挑选体育特长生，让他们参加民族传统体育项目的训练和比赛。

（二）促进民族传统体育文化的传承和交流

高校汇集了众多青年大学生，他们兴趣爱好广泛，乐于接受优秀文化。学校通过开展民族传统体育项目，使学生有机会接触、了解并参与其中。民族传统体育的传承还应当依托少数民族自身的力量，接受高等教育、具有较高文化素质的少数民族大学生就是这一力量的骨干。身处民族传统体育文化和西方近代体育文化交织的大环境中，少数民族学生对其民族传统体育的流传和发展有着更为深刻的体会。高校通过开展民族传统体育教育深度，使少数民族学生认识到民族传统体育既是民族的，也是世界的。而对以奥运会为代表的西方近代体育文化的冲击，每个少数民族学生都要意识到传承本民族传统体育文化的重要性，努力为民族传统体育文化的传承和交流尽心尽力。

（三）为民族传统体育的开展提供保障

广东省虽不是少数民族聚居区，却是开展少数民族工作的大省。省政府各级部门对民族工作的重视和支持为高校开展民族传统体育工作提供了政策保障。广东省现有的 3 个民族自治县和 7 个民族自治乡是少数民族人口相对集中的区域，自然的民俗民情风貌为高校开展民族传统体育文化研究提供了丰富的素材；广东高校的运动场馆器材设施等硬件条件较好，为民族传统体育的开展提供了物质保障；全国各地优秀的教育人才汇集广东，形成了较为雄厚的师资力量。

（四）符合高校体育工作的要求

大学是学校体育教育的最后环节，是促成学生形成终身体育观的大好时机。少数民族传统体育所具有的"健身、娱乐、教育、社交、竞技、团结等功能"[1]，符合高校体育工作的要求。参与少数民族传统体育活动可以展现学生的运动能力，激发学生积极进取、奋发向上、团结合作的精神，培养学生对民族文化的情感，加深学生对民族传统体育文化的理解。

二、广东高校民族传统体育教学模式构建的思路

民族传统体育文化是一笔宝贵的则富。要广泛调动社会各界力量，重

---

[1] 宋卫.试论少数民族传统体育的形成及特征、功能[J].山东体育学院学报，2006，22（41）：45.

视、支持、参与到对其的挖掘、整理、研究和推广工作中来。因此，可以尝试借助学校体育，特别是高校体育这个相对稳定的平台来发展我国民族传统体育。

（一）纳入体育教学内容

民族传统体育项目教学分为理论教学和术科教学。理论教学既可组织专门的理论课，也可在术科教学过程中穿插进行。前一种方式授课时间集中，能使学生较系统地学习理论知识；后一种方式较机动灵活，可利用课前或活动间歇等时间结合教学实际情况向学生介绍相关知识。在理论教学中，要重视对民族传统体育文化知识的普及教育。可以介绍民族传统体育的发展史，民族传统体育项目特点、功能、概况以及民族传统体育文化与西方近代体育文化冲突及融合等内容。民族传统体育项目种类繁多、娱乐性强且易于开展，学生可以根据自己的兴趣爱好选择参加适合自己的活动。在术科教学中，要端正学生的学习态度，使学生认识到练习不是为了应付考试，而是为了能够在参与少数民族传统体育项目的过程中真正体会到运动的无限乐趣，领悟民族传统体育文化的深刻内涵。

（二）开展课余训练、竞赛和建立训练基地

通过开展民族传统体育项目课余训练提高学生的运动技术水平，为在相关竞赛中取得优异成绩打下坚实的基础。民族传统体育项目竞赛分校内和校外两种。在高校内可组织开展单项竞赛，如毽球、珍珠球和表演类项目。参与校内竞赛的人员不受民族成分限制，既可以是少数民族学生，又可以是汉族学生。此类竞赛的目的是丰富课余生活，激发练习兴趣，促进学生健康成长。校外竞赛主要是参加省内举行的各单项邀请赛和四年一届的广东省及全国的少数民族传统体育运动会。高校在参加各项竞赛的同时，还可根据实际情况申请承办相关比赛，把高水平的少数民族传统体育比赛引入高校。另外，要重视少数民族传统体育运动人才的引进和培养工作，对于少数民族体育尖子生，在升学时可给予适当照顾。在政府的扶持和帮助下，遵循可持续发展原则、实事求是原则、重点突出原则和协调发展原则，借鉴已有的训练基地的经验，尝试在高校建立更多的民族传统体育项目训练基地，以便长期系统地开展民族传统体育的研究、训练和竞赛工作。

（三）建立相关学生社团及学术机构

依托高校场地器材设施等硬件和人力资源等软件的优势，根据学生的兴趣，建立民族传统体育项目学生社团。在丰富高校学生课余生活，营造健康向上校园氛围的同时，促进民族传统体育项目在高校的开展。民族传统体育项目学生社团的成立有利于形成较稳定的组织形式和吸收一定数量的成员，便于定期开展活动。在组织、建设、指导和培训等工作上，高校体育教师可以发挥自己的专业优势，积极地帮助学生社团开展活动。待社团发展成熟时，可以走出校门，进入其他高校进行宣传、交流、表演等，扩大少数民族传统体育项目的影响，吸引更多的人参与其中。

建立高校少数民族传统体育竞赛与研究协会有利于科学研究和学术研讨活动的开展，还可以每年定期或不定期地组织各高校开展少数民族传统体育项目的单项竞赛。高校民族传统体育竞赛与研究协会不但要吸收高校体育教师，还要重视邀请和吸引其他多种专业人才的加入。在综合类高校特别是民族类高校中开设民族学类学科，如民俗学、人类民族学、少数民族语言等。高校体育教师可以向民族研究方面的教师专家学习请教，将理论研究与实践工作相结合，促进民族传统体育逐步从经验导向向经验与科学并重过渡。

第五章 高校民族传统体育运动保健教学模式的建立

第一节 高校民族传统体育中的运动营养教学

一、民族传统体育活动中营养素的消耗与补充

营养素是指食物中可为人体提供能量、机体构成成分，促进组织修复以及生理调节功能的化学成分。只有营养均衡人体才会健康，缺乏或过多摄取某种营养物质都会产生疾病。因此，学生在参加民族传统体育运动时要注意营养物质的摄取。

（一）民族传统体育运动中的营养消耗

1.热能的消耗

经常进行体育的学生热能代谢快，学生的热能消耗比一般劳动强度者高很多，这主要是锻炼运动量的骤然增大和常伴有缺氧运动造成的，如传统体育项目中的推铁环跑、赶大车、蛇形跑、骑马跑等。

2.蛋白质的消耗

在运动状态下，学生体内蛋白质的分解和合成代谢会显著增加，蛋白质的消耗必然增大。这是运动时器官肥大、酶活性提高、激素调节活跃等因素

造成的。由于蛋白质食物的动力作用特别强，蛋白质过多可使机体代谢率增高，并增加水分的需求量，所以在进行民族传统体育运动前蛋白质的摄入不宜过多。

3. 脂肪的消耗

脂肪是体育运动中热能的主要来源之一。在参加体育运动时，学生对脂肪的利用会显著增加，尤其是在寒冷条件下的民族传统体育运动项目中，如传统体育项目中的打雪仗、跑冰鞋、滑冰车等，都是在冬季进行的体育项目，对其脂肪的消耗比一般项目要大。

4. 碳水化合物的消耗

这里的碳水化合物主要是指糖类。糖类是参加体育运动时热能的主要来源之一，它在民族传统体育运动中的利用程度决定了学生是否具备良好的耐久力，从而顺利完成规定的运动强度，达到一个很好的运动效果。糖类具有易消化、耗氧少的特点。

机体代谢的产物主要是水和二氧化碳，在进行体育运动时会随时被排出，如补充不及时，就会形成供需脱节，在没有及时补充而又继续运动的情况下，对糖类的大量需求只能来自体内贮备的糖原，从而造成糖原枯竭，对学生来说这可能是致命的。

5. 维生素的消耗

在参加民族传统体育运动时体内物质代谢过程加强，对维生素的需求量也会增加。维生素的需求量与民族传统体育的运动量、机能状态和营养水平有关。剧烈的体育运动可使维生素缺乏症提前发生或症状加重，并且由于学生对维生素缺乏的耐受力比正常人差，在参加体育运动时应及时补充维生素。

6. 无机盐的消耗

民族传统体育运动中，体内无机盐和微量元素的代谢均可能发生变化。运动量大时，尿中钾、磷和氯化钠排出量减少，而钙的排出量增加。如果学生对负荷运动量适应，体内无机盐的变动幅度就会降低。

7. 水的消耗

水的耗费是通过大量排汗实现的，排汗有调节体热平衡的功效。参加体育运动时排汗的多少与民族传统体育运动项目以及气温、热辐射强度、气压、温度，以及饮食中的含盐量有关。

（二）民族传统体育运动中的营养补充

1. 蛋白质的补充

进行有关耐力的体育运动如舞龙、舞狮、龙舟等体育项目时，每日蛋白质需求量是每千克体重 1.0 ~ 2.0 g。运动水平越高，需求量越大。连续数天大负荷耐力运动如舞龙、舞狮、龙舟等体育项目时，每日补充蛋白质每千克体重 1.0 g，身体仍然出现负平衡，这表明体内蛋白质分解多于补充；而以每千克体重 1.5 g 摄入蛋白质时，身体处于正常平衡。

进行有关力量的体育项目时，如拔河、射箭等，学生的蛋白质供给量要比普通人多。参加力量型体育运动的学生在进行轻量体育运动时每日需要蛋白质每千克体重 1.0 ~ 1.6 g。

进行有关控制体重的民族传统体育项目如赛马、狩猎等时，学生应选择优质的蛋白质来进行补充，因为蛋白质食物提供的热量可占学生总摄入能量的 18%。

2. 糖原的补充

（1）运动前补糖：在运动前数日可增加膳食中的糖类食物，或者在运动前 1 ~ 4 h 每千克体重补糖 1 ~ 5g，但应避免在运动前 30 ~ 90 min 补糖，以防止运动时血中胰岛素升高。

（2）运动中补糖：运动过程中，每隔 20 min 补充含糖饮料或容易吸收的含糖食物，补糖量一般不大于 20 ~ 60 g/h 或 1 g/min，通常采用少量多次饮用含糖饮料。

（3）运动后补糖：大强度的运动结束之后，补糖的时间开始得越早效果越好。因为运动后 6 h 以内，肌肉中糖原合成酶活性高，可有效地促进糖原的合成。理想的方法是在运动后即刻、运动后 2 h 内以及每隔 1 ~ 2 h 连续补糖。运动后补糖量为每千克体重 0.75 ~ 1.0 g。

3. 维生素的补充

（1）需要补充维生素的原因：学生的维生素缺乏情况比一般人的耐受性差。学生的维生素需求取决于体育运动负荷、机能状态和营养水平。

①激烈的体育运动加速水溶性维生素随汗、尿排出，尤其是维生素 C 的流失严重。

②运动引起线粒体的数量和体积增大，酶和功能蛋白质数量增多，参与这些物质更新的维生素的需求量增加。

③在进行体育运动时，机体能量消耗大大增加，加速了物质能量代谢过程，也加快了各组织的更新，使维生素利用和消耗增多。

（2）与民族传统体育运动关系密切的维生素。

①维生素 A。维生素 A 是形成眼视网膜中视紫质的原料，具有保护角膜上皮，防止其角质化的作用。因此，体育运动项目，如射箭，学生的维生素 A 不足必然会影响体育运动能力。

②维生素 B_1。维生素 B_1 是糖代谢中丙酮酸等氧化脱羧所必需的辅酶的组成成分。其还与神经递质乙酰胆碱的合成与分解有关。维生素 B_1 缺乏时，运动后的丙酮酸及乳酸堆积，使机体容易疲劳，并可使乳酸脱氢酶活力减低，影响骨骼肌与心脏的功能。

③维生素 B_2。维生素 B_2 是构成体内多种呼吸酶的辅酶的成分，与体内的氧化还原反应和细胞呼吸有关。学生缺乏维生素 B_2 时，肌肉无力，耐久力受损害，容易疲劳。

④维生素 B_6。维生素 B_6 又叫磷酸吡多醛，是氨基酸脱羧酶的辅酶，参与蛋白质的分解与合成。它与体育运动能力，特别是力量素质有关。

⑤维生素 B_{12}。维生素 B_{12} 是一组含钴的钴胺素生理活性物质，参与同型半胱氨酸甲基化转变为蛋氨酸和甲基丙氨酸琥珀酸异构化过程。维生素 B_{12} 缺乏的人较少见。维生素 B_{12} 参与细胞的核酸代谢，与机体的造血过程有关，当维生素 B_{12} 缺乏时，血红蛋白浓度下降、细胞的平均容量增加，可诱发巨幼红细胞贫血，使氧的运输能力下降，影响最大有氧能力和亚极量运动能力，也可引起神经系统损害。

⑥维生素 C。维生素 C 具有很强的还原性，参与氨基酸和蛋白质的代谢。民族传统体育运动使机体的维生素 C 代谢加强，短时间体育运动后血液中维生素 C 的含量升高，但长时间体育运动后下降。不同的民族传统体育运动负荷后，无论血液中维生素量是升高还是下降，维生素 C 均表现为减少。当机体中维生素 C 不足时，白细胞的吞噬功能将会下降。学生在过度练习时，血液中维生素 C 的水平和白细胞吞噬的功能都会下降。维生素 C 还有提高耐力、消除疲劳以及促进创伤愈合作用。

⑦维生素 E。维生素 E 具有抗氧化、促进蛋白质的合成和防止肌肉萎缩等生物学作用，可提高肌肉力量。

⑧维生素 PP。维生素 PP 又叫烟酰胺，它是脱氢酶的辅酶的组成成分，在机体代谢中起重要作用的辅酶 I（NAD＋）和辅酶 II（NAD＋）的组成

成分中就含有烟酰胺。其在机体内的有氧和无氧代谢、脂肪和蛋白质代谢中起重要作用，与运动者的有氧和无氧耐力有关。

4. 无机盐的补充

（1）铜：铜是很多金属酶的辅助因子，参与多种代谢反应。例如，铜缺乏时影响铁的动员和运输，出现小细胞性低血色素贫血。

（2）锌：红细胞的含锌量约为血浆的 10 倍，主要以碳酸酐酶和其他含锌金属酶类的形式存在。另外，它的主要功能在于它是多种酶的组成成分和激活剂，调节体内各种代谢。且锌可以影响睾酮的产生和运输。因此，它与体育运动能力之间具有非常密切的关系。

（3）铁：成人身体总铁量为 3.5 ~ 4.0 g。学生由于铁的需求量高、丢失增加，再加上摄入不足，普遍存在铁营养状况不良的现象。因此，学生膳食中应加强铁的摄入。

（4）钾：成人体内总钾量为 117 g 左右。大部分存在于细胞内液，只有约 2% 存在于细胞外液。当血钾浓度降低时，脑垂体生长素输出下降，造成肌肉生长减慢。口服钾可迅速恢复生长素水平和促进胰岛素样生长因子水平。

（5）硒：硒是谷胱甘肽过氧化物酶的辅助因子，由于具有消除过氧化物、增强维生素 E 的抗氧化能力等作用，它与体育运动也有着非常密切的关系。学生硒的剂量是推荐摄入量的 4 倍，每天约 200 μg。

5. 液的补充

（1）补液的方法。

①补液原则。

a. 预防性原则：预防性补充可以避免脱水的发生，防止体育运动能力的下降。

b. 少量多次原则：少量多次，可以避免一次性大量补液对胃肠道和心血管系统造成的负担加重。

c. 补大于失原则：为保持最大的民族传统体育运动能力和以最快的速度恢复体力，补液的总量一定要大于失水的总量，特别是钠的补充量一定要大于丢失的量。

②补液措施

a. 体育运动前补液：民族传统体育运动前补液中可含有一定量的电解质和糖，补充的量应根据具体情况而定，如在民族传统体育运动前 2 h 可以饮用 400 ~ 600 ml 的含电解质和糖的运动饮料。要少量多次摄入，每次

100 ~ 200 ml。不要在短时间内大量饮水，否则会造成恶心和排尿，对民族传统体育运动不利。

b.体育运动中补液：体育运动中出汗量大，运动前的补液不足以维持体液的平衡，为预防脱水的发生，有必要在体育运动中补液。

体育运动中补液应采取少量多次的方法，可以每隔 15 ~ 20 min，补充含糖和电解质的运动饮料 150 ~ 300 ml。补液的总量不超过 800 ml/h。

c.体育运动后补液：体育运动后补液又称复水。学生在体育运动中补充的液体往往小于丢失的体液量，因此运动后要及时补液。民族传统体育运动后补液也要遵循少量多次的原则，切忌暴饮。补充的液体应为含有糖和电解质的运动饮料。补液中钠含量的高低也会影响补液的需求量。当钠浓度高时，尿量会减少，因为钠离子在体内能留住水分，从而帮助体液的恢复，减少补液量。体育运动后的体液恢复以摄取含糖和电解质饮料效果最佳，饮料的糖含量可为 5% ~ 10%，钠盐含量 30 ~ 40 mmol/L，以便快速复水。

③补液的注意事项：不要在短时间内大量饮水，否则会造成恶心和排尿，对体育运动练习或比赛不利；一次补液过多，可使学生恶心和呕吐，甚至出现胃部不适；不要采用盐片补钠，盐片会刺激胃肠道，加重脱水，还可引起腹泻；不可只饮用白水，饮用白水虽然一时解渴，但可造成血浆渗透压的降低，增加排尿量，延缓机体的复水过程，同时暴饮白水还能稀释胃液，影响食欲和消化功能。

（2）运动饮料的要求：理想的运动饮料必须具备三个条件：第一，促进饮用；第二，迅速恢复和维持体液平衡；第三，提供能量，增进民族传统体育运动能力。因此，运动饮料应含有适当的糖浓度、最佳的糖组合和多种可转运的糖，并具有合理的渗透压浓度以促进胃排空和小肠吸收，满足快速补充体液和能量的需要。具体要求如下：

①饮料中的糖。饮料中的糖含量应在 4% ~ 8%。可使用葡萄糖、蔗糖、低聚糖、短链淀粉等。低聚糖的吸收速度比单糖和双糖慢，可延长耐力项目中糖的供应时间。

②饮料的渗透压。体育运动中饮料的电解质和糖的浓度越大，则渗透压越大，从而使饮料在胃中的排空速度减慢。汗液中电解质含量或渗透压低于血浆，当汗液在大量丢失时，血浆中的水分丢失相对电解质来说较多，所以补充的饮料应该是低渗性的或等渗的。

③饮料中的钠盐含量。饮料中含少量钠盐，有利于糖和水分的吸收。但饮料中的钠盐含量一般低于汗液中的钠盐含量，钠含量约为20～60 mmol/L。

④饮料的温度。高温环境下饮料的温度应低于环境温度。5 ℃～13 ℃的饮料除了有降低体温的功能外，口感上也有利于摄入。过凉的饮料会刺激胃部，引起不适。

二、民族传统体育运动中的合理饮食

（一）合理饮食原则

首先，应进行营养调查，了解运动员的营养状况。然后，根据营养需求量安排饮食。一般来说，合理饮食应遵循以下几条原则：

（1）饮食应供给必需的各种营养素和足够的食物量，以达到平衡饮食的目的，而且要易于消化和吸收，适应人体生长发育的需求。

（2）养成良好的进食习惯，同时饮食中的食物必须多样化，促进营养的全面吸收。

（3）适应生活习惯与工作学习时间的要求，形成规律的饮食习惯。

（4）热量摄入要合理分配，在用餐时间、食物选择上有所区别，满足不同时段的不同需要。

（二）合理膳食配制

健康的饮食是根据自身特点合理配制而成的。一般而言，合理饮食应包括以下方面：

（1）主食以米饭为主。

（2）多食用新鲜蔬菜和水果。

（3）常食用植物性蛋白食物，如黄豆及豆制品。

（4）适量的食用动物性蛋白食物，如肉、鱼、蛋。

（5）注意专项运动的专项补充等。

（三）合理饮食注意的问题

1. 不偏食，不挑食

偏食和挑食都不是合理的饮食方式，它与营养原则相违背。需要的营养应从品种众多的食物中摄取，吃的食物越杂，摄取的营养就越丰富，适应生活环境的能力就越强。许多学生尚无健康饮食与保健养生的意识，有些学生只喜欢吃某几种食物，有些学生根本不吃某几种食物，其实偏食和挑食对学生生长发育非常不利。

长期不吃肉食，则优蛋白摄入减少；偏食荤菜者，又会导致热能过剩及维生素、无机盐缺乏，易发生动脉粥样硬化。学生应充分认识到偏食对生长发育、身体健康和体育运动是十分不利的，要从主观上努力纠正不良习惯。

另外，饮食要多样化。要有意识地在喜欢吃的食物中加些不喜欢吃的，或设法改变这种食物的烹调方法。

总之，参加体育运动时应合理饮食，即蛋白质、脂肪、糖类、无机盐和微量元素、维生素、食物纤维等，比例要合适，也就是说，米、面、蔬菜、肉、蛋、豆制品都应该吃，不能偏食。

2. 忌暴饮暴食

暴饮暴食，就是一次吃喝得太多，超过正常饮食量的一倍或几倍。如果暴饮暴食，进食量很大，胃液（胃液中含有促进蛋白质消化的蛋白酶和帮助消化和杀灭细菌的盐酸）不够用，胃里食物过多，将胃撑大，特别是油脂食物会使胃的蠕动力降低，引起急性胃炎，出现上腹饱胀、腹痛、厌食、恶心和呕吐。

倘若胃内食物量过大，胃壁细得过紧，使胃完全丧失蛹动能力，则成为"急性胃扩张"。如救治不及时，可能引起胃穿孔，危及生命。暴饮暴食还会引起胰腺分泌大量腹液。在短时间内消化酶骤增，引起胰腺自身消化，引发胆管疾病或急性胰腺炎，死亡率很高。

3. 避免食用过多的冷饮冷食

有些学生在体育运动后，为了解渴，一次喝很多冷饮或吃很多冷食，这从表面看好像解决了问题，却伤害了肠胃。这是因为体育运动后或身体很热时，肠胃道的血管处于收缩状态，大部分血液集中到参与运动的四肢肌肉中，或是到体表扩张的血管里，以利散热。加上胃受到冷饮冷食的刺激。易引起幽门痉挛，使水分容易积存在胃内，引起腹部闷胀不适。

同时，胃肠突然受到冷的刺激，引起胃肠血管痉挛以及胃肠壁的平滑肌强直收缩，发生阵发性腹痛或伴有腹泻和面色苍白，这就是人们所说的胃肠痉挛。

4. 进食不宜太快

学生的食量较大，消化力强，进食很快，饥饿时狼吞虎咽。这样，食物在口中停留时间短，咀嚼不充分，牙齿未将食物充分研磨，唾液和食物也不能充分搅拌，起不到在口中消化一部分食物的作用，这必将影响消化，增加胃的负担。同样，有的学生喜欢加开水，加汤下饭，这也是不符合饮食要求的。

5. 不盲目追求高蛋白、高脂肪饮食

有的人盲目追求高蛋白饮食，大量食用牛奶、鸡蛋、面包，向欧美饮食方式靠拢。其实东西方饮食习惯的差异历史已久，东方式饮食所含的能量和蛋白质，虽明显低于西方饮食，但东方人的体形和需求较小，体内酶含量和消化液分泌量已与饮食结构相适应。盲目模仿西方饮食，很容易造成消化不良和营养素的失衡。

6. 不要热食

有人认为热食可口，但在食用过程中容易烫伤舌头、口腔黏膜和食管；过热食物会影响牙齿的正常生长发育。同时，食管因受热食伤害而留下的瘢痕和引起的炎症会影响其对营养素的吸收。所以，在进行体育时要避免进食过热的食物。

7. 限制食盐摄入

每天的食盐摄入量超过标准时，会使正常的血液循环受到阻碍，而使心、肾负担过重，这是"高血压"病的诱因之一。一般人每日食盐量摄入为5 g ~ 6 g，经常参加体育锻炼的学生由于出汗较多，可以根据自身的需求进行专门的补充。

三、高校民族传统体育中的运动营养教学实践

运动营养学课程以营养与运动两大健康要素为中心，在介绍营养素、食物营养价值和食品卫生等知识的基础上，重点阐述不同人群在进行体育锻炼时的营养需求特点及其营养补充的要求。[①] 民族传统体育项目是我国劳动人民为了满足生产活动、丰富文化生活，而在与自然做斗争的过程中逐渐发展

---

① 张蕴琨.运动营养学 [M].南宁：广西师范大学出版社，2005：77.

起来的，是结合积极性和娱乐性的一种独特的体育运动方式。在其发展过程中，也形成了一种特点鲜明的强身健体的方式。民族传统体育中的健身的内涵与现代的运动营养学所倡导的科学健康膳食及营养的合理补充有着密切的联系，也是在进行教学模式改革过程中需重点把握的内容。

（一）加强教材建设，突出知识的民族性

深入研究民族传统体育的内涵，发掘与强身健体有关的保健方式，探究其中的营养学理论，丰富运动营养教材的知识体系。针对民族传统体育专业的学生，要编写独特的运动营养学教材，将民族文化内涵深入其中，争取每个项目都有科学合理的营养学知识作支撑，都能找到相关的科学解析。

（二）师生共同参与运动营养教学建设

为促进民族传统体育专业学生主动学习的积极性，应提前将学生的兴趣点纳入课程教学计划中。让学生参与课程知识体系设置，将经典理论与最新研究成果进行合理的搭配。让学生认真学习课程中的知识，并使其有意识地利用课余时间提高自己的知识储备；针对学生的运动专项，任课教师应充分了解学生对课程知识的要求，尤其对指导运动实践的营养学知识的需求，以便做到教研结合。在教学过程中，教师也应该主动地、不断地征求学生对课程的建议，如知识宽度、难度等。教师应及时根据学生提出的合理化建议，改进课程教学内容与方式。

（三）教学内容贴近学生的专项训练

运动营养学是一门新兴的综合性边缘学科，是运动医学重要的组成部分。它与运动生物化学、运动生理学、运动训练学、营养与食品卫生学、烹饪学等都有着密不可分的关系，是一门实践性很强的课程，且与大众的日常生活密切相关。为使学生有效地掌握相关知识并将其运用于指导实际体育训练中，必须将学生的日常营养需求与训练实际相结合，以民族传统体育项目运动保健案例式教学为主，围绕案例提出问题、分析问题、解决问题。同时，应尝试让学生主动分析自己所接触的膳食与营养品、运动训练营养补充方法，提出自己的看法，以便做到融会贯通。

（四）培养学生的创新思维能力，发展学生的认知技能

学生创新思维能力的培养已成为当今教育教学改革实践中的一个重要课题。创新教育是以培养人的创新精神和创新能力为基本价值取向的教育，其核心是创新思维的培养。随着科技的不断发展，很多前沿知识都体现在交叉学科上，运动营养学也不例外，多学科的融合使其发展更为迅速。为了使学生在学习该课程的同时提高创新思维能力，教师必须掌握当今生物与医学领域的最新动态，了解运动营养学的前沿知识。通过向学生讲解交叉内容，让学生了解知识融合利用的原理，使其在学习营养学知识的同时，也能培养创新思维。思维能力的培养是掌握一切认知技能的基础，而认知技能是习得规则并用以解决实际问题的能力。因此，除了使学生掌握运动营养学知识外，教师必须引导学生学以致用，能够指导大众在进行民族体育项目科学健身的同时进行有效的营养补充，指导运动员合理使用营养补剂来缓解运动疲劳。

（五）重建师生关系，开展对话教学模式

对话教学是一种建立在对话哲学、主题教学理论等基础上的新兴教学模式，目前正处于探索阶段。对话教学的核心就是教师与学生进行有效互动。这种教学模式也真正体现了教育以人文本的理念。对话的开展能有效解决学生的思维困惑，提高对知识的理解，有利于创新思维的培养，对任课教师也是一种提高、一种督促、一种引导。同时，该模式的应用展现了一种人文关怀的时代精神，是教师民主、宽容、理解情怀的表达。

（六）有效的教学评价

王充《论衡·知实》云："事有证验，以效实然。"判断教学是否有效，必须要进行验证与评价。对于有效教学而言，课程的教学评价应该是着眼于教学的全过程，针对的是师生两方面。对运动营养学课程而言，应遵循该课程的特点，有针对性地进行应用型教学效果的评价。例如，让学生设计一份膳食配餐方案并实施，教师对全过程进行打分，作为平时考核的成绩。学生应对教师的教学方法、知识储备、备课程度等方面进行打分。最后，应由学校对教师与学生的总体成绩进行最终的评价。

第二节　高校民族传统体育运动性损伤的预防与处理教学

一、运动性损伤的概念和分类

运动性损伤是指运动过程中发生的各种损伤。运动性损伤的危害较大，不仅会使运动员无法正常地参加训练和比赛，还会使运动员形成残疾，甚至失去生命。此外，运动性损伤会使运动员产生心理阴影，从而影响体育运动的正常进行。因此，每一名体育运动员都应熟悉和掌握运动损伤防治的基本知识。下面对运动性损伤进行分类。

（一）按受伤的组织结构分类

按受伤的组织结构可分为皮肤损伤，肌肉、肌腱损伤，关节软骨损伤，骨及骨骺损伤，滑囊损伤，神经损伤，血管损伤，内脏损伤，等等。

（二）按运动损伤的时间分类

按运动员损伤的时间可分为新伤和旧伤。

（三）按损伤的病程分类

按损伤的病程可分为急性损伤和慢性损伤。

1.急性损伤

直接或间接外力一次作用而致伤者，伤后症状迅速出现，病程一般较短。

2.慢性损伤

陈旧伤，急性损伤后因处理不当而致反复发作；劳损伤，由于局部运动负荷量安排不当，长期负担过重超出了组织所能承受的能力；局部过劳致伤，症状出现缓慢，病程迁延较长。

（四）按性质分类

1.开放性损伤

伤后皮肤和黏膜的完整性遭到破坏，受伤组织有裂口与体表相通。例如，擦伤、刺伤、切伤、撕裂伤及开放性骨折等。

2.闭合性损伤

伤后皮肤或黏膜仍保持完整，无裂口与体表相通。例如，挫伤、关节韧带扭伤、肌肉拉伤、闭合性骨折等。

（五）按程度分类

1.轻度损伤

伤后锻炼者仍能按计划参加体育锻炼。

2.中度损伤

伤后不能按计划进行训练，需停止患部活动。

3.重伤

受伤后不能训练。

（六）按运动技术与训练的关系分类

1.运动技术伤

与运动项目、技战术动作密切相关的损伤。例如，网球肘、投掷肘等，多为局部组织过劳。

2.非运动技术伤

多为运动中的意外伤。

二、运动性损伤的预防措施

为减少或避免运动性损伤的发生，就需在进行运动之前采取相应的预防措施，进行积极的预防。通过对民族传统体育项目的多方面分析，找出其导致运动性损伤发生的原因，进而采取合理有效的措施，降低发生损伤的风险。

（一）加强思想教育

加强民族传统体育运动的安全性教育。部分学生对于运动损伤认识不够，在平时锻炼时没有按照科学的方法实施而产生损伤，或因为主、客观因素（如器材隐患、气候条件、技术掌握不全面等）导致的无法预料和避免的事故、意外、突发偶发事件造成损伤。因此，在平时教学和课外锻炼中，应该贯彻预防为主的方针，多渠道开展学校安全教育宣传，把安全教育作为上课的一项内容。

（二）全面准确了解自身状况

在做预防工作之前对自身的健康状况进行全面的了解是必不可少的。了解自身的健康状况可以从体检和向有关专家咨询两个方面着手，这样能够有效地避免或减少因身体条件所造成的运动损伤的发生。

在进行运动之间做好充分的准备活动可以提高中枢神经系统的兴奋性，使它达到适宜的水平，加强各器官系统的活动，克服各种功能，尤其是植物性功能的惰性。通过恢复全身各关节肌肉力量和弹性，并恢复因休息而减退了的条件反射性联系，为正式运动做好充分的准备。需要注意的是，准备活动的运动量和活动内容应根据具体的气候条件、个人各器官系统的功能状况和运动项目的情况而定。

（三）运动以提高身体素质为目的

在出现的运动损伤中，大部分是由于学生体能或体力差而引起的，因此运动者在进行运动之前应当根据自身的具体条件来调节运动情绪、运动负荷等，可以根据自身的爱好来发展自身的能力，提高身体素质。这样不仅可以有效地防止运动损伤的发生，还能提高学生自身的身体素质，增强其对民族传统体育的喜爱。

（四）对抗性的运动锻炼时需要互助

在民族传统体育项目中，对抗性的运动较多，因而很容易发生冲突、摔倒等现象。对此，运动者应该掌握保护自己身体的运动技巧，以防止出现损伤或减轻损伤的程度。平时多向老师请教运动损伤的处理方法，并学会互相救助的方法，避免较大损伤的出现。互助也是一种重要的防护措施。在一些激烈的比赛中，由于人员的情绪高涨，很容易产生粗野的动作，也就相应地增加了损伤的风险，因此在运动中要有运动安全和良好体育道德，以减少那些人为因素所造成的损伤。

（五）加强易伤部位的训练

对易伤部位和相对较弱部位加强训练，提高它们的功能，以达到预防运动损伤的目的。例如，为了预防髌骨劳损，可用"站桩"的方法来提高股四头肌和髌骨的功能；为了预防腰部损伤，可以加强腰腹的训练，提高腰腹肌的力量。

（六）合理安排教学、训练和比赛

教师要认真钻研教材，充分备课，应对教学、训练中的重点、难点，对易发生损伤的部位做到心中有数。

必须从安全角度出发，做好体育课教学的组织工作。第一，规定学生穿运动鞋和运动衣上课，以免造成滑倒摔伤和不必要的拉伤。第二，清理上课时所用运动场地的杂物、浮沙、尘土等，以免出现意外事故。第三，严格检查上课时所用的体育器材，教师示范时，提前向学生讲清楚器材的功能以及危险性，提醒学生注意，以防伤害事故的发生。第四，规范动作要领，严明练习纪律，明确运动信号（如手势、哨声、口令等），以免因为技术动作的变形、组织教学的失误和纪律性差造成学生拉伤、擦伤、脱臼等伤害事故。

（七）加强医务监督与运动场地安全卫生的管理

在进行运动时，运动者自身要做好自我医务监督，当发现身体有不良反应时，要认真分析原因，并采取必要的保健措施，严格掌握运动量，不宜练习高难动作。另外，对运动场地、器械设备及个人的防护用具要认真做好检查和管理，不要在不符合体育卫生要求的场地上或穿着不符合体育卫生要求的服装、鞋子进行运动等。

三、常见运动性损伤的处理

（一）挫伤

挫伤是指肌体某部受钝性外力作用，导致该处及其深部组织的闭合性损伤。在民族传统体育的球类运动中，跑、跳等动作极易发生挫伤。例如，大腿的股四头肌挫伤、小腿前部的骨膜挫伤、小腿后部的小腿三头肌挫伤、上肢挫伤、头部挫伤等。在挫伤发生后一般会出现肿胀、疼痛、皮下出血和功能障碍等症状。

处理方法：受伤后应马上进行局部冷敷、外敷伤药等，并适当加压包扎，抬高患肢，以减少出血和肿胀。股四头肌和小腿后群肌肉的严重挫伤多伴有部分肌纤维的损伤或断裂，组织内出血形成血肿，应将肢体包扎固定后，迅速送往医院诊治。

头部和躯干部的严重挫伤可能会伴有休克症状，应认真观察呼吸、脉搏等情况，休克时应首先进行抗休克处理，使伤员平卧休息、保温、止血、止痛。疼痛严重者，可口服止痛药，或肌肉注射哌替啶，并立即送医院诊治。

（二）擦伤

擦伤是指肌体表面与粗糙的物体相互摩擦而导致的皮肤表层的损害。发生擦伤后一般会出现表皮剥脱，有小出血点和组织液渗出等症状。

处理方法：对一般较轻较小的擦伤，可以用生理盐水或其他药水冲洗伤部，涂抹红药水或紫药水，无须包扎，一周左右就可痊愈。一般情况下较大的擦伤伤口易受污染，需用碘酒或酒精在伤口周围消毒。

（三）拉伤

拉伤是指肌肉受到强烈牵拉所引起的肌肉微细损伤、部分撕裂或者完全断裂。在民族传统体育运动中，比较常见的拉伤为大腿后群肌肉和小腿后群肌肉的拉伤。发生拉伤后一般会出现局部肿胀、疼痛、压痛、肌肉发硬、痉挛、功能障碍等症状。

处理方法：拉伤时应立即进行局部冷敷，加压包扎，并把患肢放在使受伤肌肉松弛的位置，以减轻疼痛。肌肉、肌腱部分或完全断裂者应在局部加压包扎，固定患肢后，马上送往医院诊治，必要时还要接受手术治疗。通常拉伤 48 小时后才能进行按摩，手法一定要轻缓。

（四）骨折

骨折是指骨的完整性遭到破坏的损伤。骨折分为闭合性骨折、开放性骨折和复杂性骨折。闭合性骨折是指骨折处皮肤完整，骨折端不与外界相通。开放性骨折是指骨椎端穿破皮肤，直接与外界相通，这种骨折极易感染，易发生骨髓炎与败血症。复杂性骨折是指骨折断端刺伤了血管、神经等主要的组织与器官，发生严重的并发症，引发危及生命的一些症状。处理方法如下。

（1）骨折固定前最好不要移动伤肢，以免增加伤员的痛苦和伤情。应尽快固定伤肢，限制骨折断端的活动。对于大腿、小腿和脊柱骨折，应就地固定。

（2）如果有休克、大出血等危及生命的并发症时，应立即抢救和止血，采取简要的止休克措施。

（3）对有伤口或开放性骨折的伤员，首先要止血，止血多采用止血带法和压迫法。然后，用消毒巾或纱布包扎后，及时送到医院治疗。同时应注意，对已暴露在伤口外的骨折断端不要放回伤口内，以免引起感染，也不可任意去除。

（4）使用的固定用具的长短宽窄要合适，长度须超过骨折部的上、下两个关节，夹板与皮肤之间要有垫衬物固定。先固定骨折部的上面和下面，再固定上下两个关节。

（5）伤肢固定后要注意保暖，检查固定是否牢靠。四肢固定时要观察肢端是否疼痛、麻木、发冷、苍白或青紫，如出现这些情况则说明包扎过紧，需放松一些。

（五）撕裂伤

撕裂伤是指受到物体打击而引起的皮肤和皮上组织均出现规则或者不规则的裂口。

处理方法：轻者可先用碘酒或酒精消毒，然后止血，再用消毒纱布覆盖，并适当加压包扎。如果不能制止出血，应尽量在靠近伤口处按规定缚以止血带，立即送医院治疗。当伤口较深、较大、污染较严重时，应立即送往医院进行清创缝合手术，并口服或注射抗生素药物预防感染，并按常规注射破伤风抗霉素。

（六）关节扭伤

关节扭伤是指在运动中关节发生异常扭转，引起关节囊、关节周围韧带和关节附近的其他组织结构损伤。发生关节扭伤时一般会出现关节及周围疼痛、肿胀，有明显的压痛感觉，关节活动障碍等症状。

处理方法：急救时应仔细检查韧带是否部分撕裂或完全断裂，关节是否失去功能，注意以冷敷、加压包扎或固定关节为主，外敷活血止痛的药物。受伤严重时马上送往医院做进一步的诊治。

（七）关节脱位

关节脱位是指关节面失去正常的联系。发生关节脱位时，通常伴有关节囊撕裂，关节周围的软组织损伤或破裂等症状。关节脱位后，受伤关节疼痛，有压痛和肿胀感，关节功能丧失，受伤的关节完全不能活动，出现畸形，关节内发生血肿。如果关节复位不及时，血肿会激化而发生关节粘连，增加关节复位的困难。如果没有修复技术，关节脱位后不可做修复回位的手术，以免加重损伤，应马上用夹板和绷带在脱位所形成的姿势下固定伤肢，尽快送往医院治疗。

处理方法：发生肩关节脱位时，取三角巾两条，分别折成宽带，一条悬挂前臂，另一条绕过伤肢上臂，于肩侧腋下缚结。肘关节脱位时，用铁丝夹板弯成合适的角度，置于肘后，用绷带缠稳，再用小悬臂带挂起前臂，或直接用大悬臂带包扎固定。

（八）腰部肌肉筋膜炎（腰肌劳损）

腰肌筋膜炎病理改变有很多种，包括神经、血管、筋膜、肌肉、脂肪及肌腱的附着区等不同组织的变化。大多是由于急性扭伤腰部后治疗不彻底就参加运动，逐渐劳损所致。另外，锻炼中出汗受凉也是重要成因之一。腰部肌肉筋膜炎的症状主要有局部酸疼发沉等自发性疼痛、练习前后疼痛等。

处理方法：可采用理疗、针灸、按摩、封闭、口服药物、用保护带（围腰）及加强背肌练习等非手术治疗手段；对顽固病例可手术治疗。

（九）脑震荡

脑震荡是头部受到暴力作用使神经细胞和神经纤维受到震荡而出现一时性的意识和功能障碍，且多无明显的解剖病理改变。损伤症状有精神恍惚或意识丧失（时间：数秒或 30 分钟不等）；呼吸表浅、脉率缓慢、肌肉松弛、瞳孔扩大但左右对称、神经反射减弱；清醒后，短时间内反应迟钝，出现"逆行性健忘"。此外伴有头痛、头晕、恶心或呕吐等症状。

处理方法：使伤员安静平卧，头部冷敷，并注意保暖；昏迷者，刺激人中、内关、涌泉等穴位，呼吸障碍者进行人工呼吸；昏迷超过 5min，瞳孔扩大且不对称，耳、鼻、口出血及眼球青紫，清醒后有剧烈疼痛、喷射式呕吐或再次出现昏迷者，说明脑组织损伤或继发颅内压增高，应立即送往医院抢救；患者清醒仍需卧床休息，直到头痛、恶心等症状完全消失，以免引起后遗症；伤员康复后，可用闭目举臂单足站立平衡试验来判断能否参加体育活动。

（十）肩周肌腱劳损

肩部劳损包括肩部肌腱炎、肩关节不稳定及肩撞击综合征。这三种问题的发病原因与病理是相关联的，三个症状也有可能同时存在。肩部劳损是因为重复的超负荷动作使肩周的肌腱、肌肉反复受到刺激而受损，患处会发炎肿痛，活动时加剧。此外，肩部运动幅度过大、动作力度过大、肩部动作频率太高等也会引起肩周肌腱劳损。典型病症是打球后出现肩局部肌肉肿痛现象以及将手臂慢慢抬高时感到痛楚甚至困难，如肌腱撕裂会感到软弱无力。

处理方法：物理治疗的目标主要在于令肩关节恢复原来的活动幅度、肌肉力量及耐力。另外，肌肉的控制、姿势、技术等都应注意。运动要在无痛的幅度范围内进行，特别要注意的是旋袖肌及胸胛肌的控制而并非单是训练力量，有需要的时候，治疗师会利用粘膏带及生物反馈器帮助运动。

第六章 多维度视域下高校民族传统体育教学模式的构建

第一节 文化传承视域下高校民族传统体育教学模式的反思

自进入 21 世纪以来，培养具有健康体魄、良好素质的人才是高校的义务和责任。体育教学已成为我国高等教育中的一项重要的教学内容，体育课程的开展不仅可以提高大学生的身体素质，提升健康水平，还有助于塑造大学生健全的人格，使其身心健康发展。将文化传承纳入体育教育中是体育改革的突破点，这样不仅能够完善体育结构，还可以增加学生对体育的兴趣，有助于推动体育教育向前发展。

因此，在进行高校民族传统体育教学模式改革时，要充分地挖掘教学资源，进而避免因错误的教学方法而产生文化多元整体性被割裂进行正确的行为指定工作。只有这样才能让民族传统体育教学资源充分发挥自身的作用，进而对民族传统体育的发展造成直接的影响。

一、文化传承与体育教育模式的关系

（一）体育文化传承

1.文化及体育文化

文化是社会演变和发展中的精神、物质、财富和制度的总和，而文化传承是精神与物质财富经历世代相互承接和传递的过程，它是文化发展的驱动力。与广大文化一样，体育文化是经济和身心发展到一定阶段的产物，是体育的精髓和本质。[①] 体育文化是由精神文化和物质文化组成的。精神文化包括体育知识、规则、意志和智慧等精神层面的文化；物质文化包括体质、器材等物质文化，精神文化和物质文化共同构成了体育文化。

2.体育教学

体育教学是指在教学理论和思想的指导下，确立较为稳定的教学活动和教学内容。主要由三个部分组成，教学体系、教学结构和教学思想。教学结构起着骨架的作用，教学体系起着"肌肉"的作用，而教学思想则是"神经"，连接结构和体系并贯穿其中，使两者得到平衡，协调发展。[②]

（二）文化传承与体育教育模式的关系

1.文化传承与教育的关系

"文化传承"是指文化在一个人们共同体（如族群）的社会成员中纵向交接的过程。这里有两层含义，一是对民族传统体育项目，进行挖掘研究，择其善者应用于高校教学；二是指传承民族传统体育技术蕴含的民族传统文化，具体是其中蕴含的"天行健，君子自强不息"的进取理念，"上善若水，厚德载物"的道德价值追求。"民族传统体育"是指以汉族为主体的中华民族在不同历史时期、不同地域开展的，承载民族共同心理素质和审美情趣的，具有浓厚民族传统特色的健身、娱乐等体育活动的总称。它包括武术、龙舟、毽球、舞龙、舞狮、摔跤、摆手舞、秋千等。民族传统体育是中国传

---

① 秦立凯，黎小龙，赵先卿.文化传承视域下高校民族传统体育教学模式的反思与建构 [J].北京体育大学学报，2013（3）：113-117.

② 陈仲平，宋证远.对高校体育教学中人文教育与科学教育融合的本质特征及途径的研究 [J].南京体育学院学报（社会科学版），2007，21（1）：58-61.

统文化的重要符号，具有浓厚的民族文化特色，凝聚着民族智慧和精神，是文化认同和民族复兴的力量和源泉。

体育文化中重要的组成部分就是教育。文化传承和教育密切相关，教育是指能够增进人们的知识和技能，影响人们思想品德的活动。教育是文化的一部分，使文化成为一个连续不断的过程，有传播、选择、创造文化的功能，包括家庭教育、社会教育和学校教育。高校民族传统体育教育包含教学模式等内容，位于学校教育的顶端，是连接学校和社会的节点，是学校教育传承的关键。从显性角度来看，体育技术和技能构成了体育文化的显性部分，思想、审美以及精神则是隐性部分。① 不论是显性还是隐性，都潜移默化地影响着教学方法和内容。

2.技术教学和文化的关系

技术是教学模式的要素之一，技术和文化的关系是辩证的。技术这里指科学合理利用身体，完成体育动作的方法，是运动能力高低的决定性因素，包括身体姿势、动作轨迹、动作时间等要素。从广义上讲，技术也是一种文化。没有离开技术的文化，也没有离开文化的技术。技术是文化的基础和动力，文化是技术的发展方向和目的，两者只有相辅相成，才能可持续发展。

技术教学和文化教学的关系也是辩证的。文化教学需要技术来充实、支撑，而非空洞的说教或者纯粹的理论讲授；技术教学需要文化来提高、升华，而不单单是浅层次的技术方法传授或技术效度的评判。技术传承的最终目的是文化传承。民族传统体育都表现为身体技术的运用和文化风格的体现，其中技术传承和文化传承并不矛盾，但由于种种原因，以往技术传承所包含的文化传承被严重忽视了。

二、建构高校民族传统体育文化传承教学模式

（一）建构以文化传承为目的的教学理念

文化人类学观点认为每种文化都有其独特价值，要珍视它，传承它。必须认识到民族传统体育首先是一种文化现象，其次才是一种体育活动，技术的传承服务于文化的传承，是用融于血的文化的情怀去对待它，还是用肤浅

① 董翠香，胡晓波，茹秀英.中国基础教育体育课程改革对体育教学改革的启示[J].北京体育大学学报，2013，26（3）：355-357.

的肢体语言去描绘它，效果是截然不同的。换言之，民族传统体育不同于其他体育项目，文化内涵丰富，不能局限于技术文化的体育学习，还要重视其文化内涵的传授和民族精神的涵养。

（二）建构文化特色鲜明的课程体系

1.挖掘整理民族传统体育课程资源

保持竞技性和非竞技性、隐性课程和显性课程之间合理的张力，运用元分析的方法结合，社会实践，逐步完善课程体系建设。所谓元分析的方法，就是一种定性和定量结合的办法，重点强调对事物发展过程自身的一种认识过程。在以竞技性民族传统体育发展学生身体素质的同时，为非竞技性留有空间，重视隐性课程物质、精神、行为层面的建设。目前我国存在国家性课程、地方性课程和校本课程三种类型，国家性课程要重视宏观和示范性指导；地方性课程和校本课程则着力提高适应性，尽量突出地域特色和风格，为民族传统体育的地域特色和千姿百态提供保护和发展的空间。

在传承的内容、标准、范围和筛选问题上，要充分吸收教育哲学、学习理论、教学理论知识。但就项目选择的原则上，可遵循体育地理学原理。根据体育文化区划原则，民族传统体育大体上可以分为东北、西北、西南、中南、中东等五大体育文化区，每个体育区都有典型的民族传统体育项目，如东北多冰雪，有滑冰、滑雪、冰上陀螺等；西北草原广阔，有骑马、骑射、蒙古式摔跤等；中南、西南水道纵横、山地高原广大，有游泳、龙舟、孔雀舞等；中东平原广阔，有武术、跳绳、拔河、踢毽等。各地高校要选择富有地域特色，简单易学，健身效果好，在当地具有一定习练人群，契合当地地理环境和气候条件的项目，然后争取逐步扩大推广范围和影响。这样可以促进当地民族传统体育的发展，又能提高当地高校学生的民族文化认同感，使民族传统体育成为对高校学生进行人文素质教育的良好手段。例如，湖北民族学院结合当地实际开展了毽球、高脚竞速、打陀螺、板鞋等十余种项目，还被设为打陀螺培训基地，形成高校与地方文化发展良性互动的局面。

尤其是在少数民族聚居区的体育院校，更应该将民族传统体育课程列入教学计划，开办民族传统体育专业，培养民族传统体育专业的复合型人才。西南地区地形地貌复杂，民族成分众多，民族传统体育资源丰富，是课程资源开发的富矿，值得深入研究。黄平波就芦笙舞进入校本课程做了有益探索。① 成都体育学院依托峨眉武术相继开发出火龙拳、八卦龙形剑等地方优秀武术拳种。西南大学开展"巴渝舞"表演，学生统一着红色古装，手持干戚，有节奏地前行、后退，变换阵型，再现当年"巴渝舞"气势恢宏的雄壮场景，具有极大感染力，作为校本课程极具教育意义，对于文化传承的作用不言而喻。此外，西南大学将板鞋、锅庄舞等引入校园，进行校本课程的探索，也取得很好的成效。

2. 创新民族传统体育文化资源

传承绝不仅仅是习得，更重要的是有所创新，使知识增益。高校除了要发挥人员高文化素质、科研优势，对民族传统体育资源进行挖掘之外，还要积极创新。北京体育大学经过三年间的大量比赛和实践，反复研究、整理、创新，终于完善蹴球比赛规则，让古老的蹴鞠运动在新时期焕发新的生命，也为其在民运会和高校的传承做出贡献。中华人民共和国成立后，毽球、抢花炮、打陀螺等都经过改造创新并取得了一定成效。

3. 构建民族传统体育教育网络资源

高校在整个教育阶段中和社会的联系最为密切，和家庭文化传承、社会文化传承相辅相成。当代民族传统体育教育问题决不能局限于依靠学校来解决，而应该在更大的空间内思考和解决，将图书馆、网络、民间拳师、地方民族传统体育等都视为高校民族传统体育的联合体，其中蕴涵着丰富的课程教学资源。同时，还要通过各种途径提高教师专业能力水平，包括各种培训、交流，加强和地方民族传统体育传承人的联系等。

（三）建构渗透文化教育的教学方法

1. 保持文化特色的分层教学

我国民族体育项目众多，各地高校要选择切合本校办学条件和学生实际的项目，进行合理设计，同时也要保持项目的核心特色，要设计健身娱乐型、攻防技击型、艺术表演型等类型，以满足学生不同需求。具体实施途径可以通过必修课、选修课、课外活动、学校社团等途径开展。例如，s 武术课设计要保持攻防文化特色，同时兼顾健身娱乐和艺术展演，要改变基本功、基本动作、套路或散手等各行其是，以技术性学习为主的模式，而进行技术文化

---

① 黄平波.黔东南苗族"芦笙舞"做为体育课程资源的现实意义 [J].北京体育大学学报，2008，31（3）：393-395.

并重，基本功、基本动作、徒手实战和器械实战、套路演练纵向贯穿，不同学段横向展开的综合分层教学。

2. 以学为中心的主体启发式教学

教学要以学生的学为中心，设计合理的教学方法。例如，武术博大精深，非名师言传身教，不得要领，因此使大学生望而却步，宁愿学习跆拳道、泰拳、瑜伽等，也不愿练习武术，校园经常可以看见身着跆拳道服装的练习者，可见其流行程度，这是值得深思的。要选择适合大学生练习的，动作朴实、难度不大、技击性强的拳种进行教学传承，如形意拳、八卦掌、螳螂拳、翻子拳、福建五祖拳、八极拳等。

大学生有一定知识水平和思维能力，可以启发学生思考动作原理，让学生不仅知其然，还要深究其所以然。以武术为例，为何八卦掌、太极拳等都强调练习整体的劲，出拳迅速，"出手不见手"，发力干脆？让学生联想中学物理动量定理 $F\triangle t = m\triangle v$ 思考后，教师进行分析：被击打的物体受到的冲量等于施力物体动量的变化，受到的力与施力物体的速度成正比，与撞击一瞬间的时间成反比。出拳时蹬地、转跨、拧腰、顺肩，把整个身体的劲力通过手臂发送出去，这就是整劲，主要是从增加质量 m 的角度出发；"出手不见手"出拳迅速，是从提高速度的角度出发，发力干脆是从缩短发力时间 t 的角度出发。总之，一切为了提高击打力量。

3. 重视体育基础理论和文化教育

民族传统体育有德育、智育、健体、审美教育、哲学文化教育等功能，学习过程中不仅要重视体育理论课的学习，还要注重项目相关的文化学习，以实现文化传承和弘扬民族精神。

例如，武术教学中学生会提出为什么弓步、马步姿势那么低，要求那么规范？为什么冲拳横平竖直，保持一定的静止姿势？套路是用来整体技击的，还是拆开的？等等。这些说明学校武术被深深地打上竞技武术套路的痕迹，也体现了学生对武术发展的脉络不清楚。实际上，整个武术发展史可分为三个阶段，即简单实用的阶段（明清之前）、拳派林立阶段（明清时期）、体育化和多元化发展阶段（民国时期到现在）。民国时期，武术体育化进程开始，中华人民共和国武术则向多元化发展，依据价值功能的不同分为三大类，即攻防技击类、艺术展演类、养生健身类。[①] 搞清武术的发展历史，上述问题就不难理解和解决了。由此，可见体育史教育的基础地位。

---

① 杨建营. 从 20 世纪武术的演进历程探讨其发展趋向 [J]. 体育科学，2005（7）：53-58.

中国武术厚德载物的文化品格很突出。要把武术礼仪贯穿教学始终，学拳时，先学抱拳礼，学器械前，先学器械礼。教学中贯穿文化内涵教育，如递送器械的方式就有讲究，呈剑时要双手相捧，横递、剑首朝左，这样有利于受剑者右手接剑，又可以避免呈剑者行刺之嫌。讲解武术动作名称时，要贯穿文化想象和美学教育，如"霸王举鼎""力劈华山"等都有丰富的文化内涵。竞技化武术改变了原有武术名称，也改变了武术的文化想象，如以"仆步穿掌"代替"燕子抄水"。

讲解舞龙舞狮、气功、太极柔力球等传统文化色彩较浓厚的项目时，要渗透文化教育的内容，使学生在了解民族传统体育的多姿多彩，学习技法的同时，感悟民族传统体育的博大精深，掌握技法背后的民族政治、经济、风俗习惯等知识，增强民族自信心和民族自豪感，进行爱国主义教育。

此外，在教学评价上，要加强民族传统体育技术文化理论的综合考核，探索新的评价激励模式。例如，武术可经常开展学校武术比赛，实行武术达标，设置学校段位制。实行武术达标是为了保证学生必须达到底线，举行武术比赛、设置段位制是为了提高学生的学习积极性，增强其进取心。优化教学环境，保持稳定的经费投入，补充器材，改善场地设施，把大学生课堂教学和课外活动、社团学习、文化讲座等活动结合起来，以整体促进文化传承的氛围和效力。

第二节　身心素养视域下高校民族传统体育教学模式的探讨

一、身体素养视域下高校民族传统体育教学模式的构建

（一）身体素养的概念阐释

身体素养这一词汇最早出现在美国《健康与体育教育杂志》1938年刊登的文章中。近年来，英国贝福德郡大学客座教授玛格丽特·怀特海德多次在国际会议中提到这一词汇，将其含义进一步延伸，并从教育学的视角出发，赋予了其新的含义，吸引了许多国家的众多学者的目光。在不断的质疑

声中，身体素养这一概念逐渐被越来越多的国家接受，加拿大、英国甚至将其作为国家制定相关体育政策的核心要素。

关于身体素养的概念，不同学者有不同的理解，最为广泛理解和接受的是由英国学者玛格丽特·怀特海德提出的，并为 2013 年成立的她本人担任主席的"国际身体素养协会"所采用的概念，即"身体素养是为了生活而重视并承担参与身体活动的责任所需要的动机、信心、身体能力及知识与理解"。①

我们可以对身体素养的定义进行如下解释：首先它表现出来的是一种身体能力，是我们生活所需要和必需的，是在身体活动过程中表现出来的速度、耐力、柔韧及平衡力和全身协调等。这些不完全是天生的，可以通过教育而习得，是连续的、不断完善的。其次，身体素养还是参与者的一种内在的情感需要，是自发自愿的，整个过程充满吸引力和乐趣，这种内在的动力始终激励着身体活动者去忘情的投入和不断探索。再次，信心，即身体活动者有较高的身体自尊与自信，不论整个活动过程多么的曲折和艰辛，环境和场地及具体项目多么的陌生，他都始终相信自己能够完成。换句话说，就是身体活动者无论什么情况下对自己的身体能力都有足够的信任。最后，认知，即对身体、身体活动及活动内容有较好的理解力和认识力，能够积极应对，能根据所拥有的知识进行概念的迁移，从而很快的应对。

我国著名学者任海认为，身体素养概念的提出可以为终身体育的实现提供可操作的具体途径；可以将各个阶段学校体育的目标串联起来，使之具体化；使群众体育和竞技体育互相包容，相互关联和衔接，不再界限分明显、格格不入；可以使生活和体育水乳交融，相互渗透，生活体育化和体育生活化；同时身体素养的出现还为决策者制定有关的体育政策提供了理论依据。②

可见，在休闲时间日益剧增的坐姿时代，体育素养概念的提出，为大众体育和学校体育提供了具有可操作性的具体途径。拥有了较高身体认知、动机、能力和自信的公民，日常生活不再只有电视和手机。体育融入生活，公民拥有了五彩斑斓的活动内容，身体素质将进一步提升，慢性病和亚健康状态将得到改善。

---

① 任海.身体素养：一个统领当代体育改革与发展的理念 [J].体育科学,2018(3):3-11.
② 李嘉.身体素养视角下对小学生身体活动现状及体育行为习惯养成的研究 [D].北京：北京体育大学，2017:34.

（二）身体素养视域下高校民族传统体育教学模式的探讨

1.改进教学方法

（1）要领法。谁要练，谁要学，谁要说。教师要对所设民族传统体育项目的每一招式和要点进行总结，在教授的过程中讲解并复述给学生。学生在练习的过程中进行复述，熟读背诵烂熟于心之后，在练习的过程中无意识地就会想起并注意到动作要领。这也使学生在习练过程中精力集中，习练效果得到提高。这一教学方法也吻合了身体素养中身心合一、身心一元的具身认知论。在民族传统体育项目的习练过程中，身心交融，合二为一，身体的感官系统和意识相互补充，互相依存。

（2）动作分解法。由于民族传统体育项目学习的时间通常较短，有些教师为了赶教学进度，忽略了手法、步伐、准备活动等专项素质练习，效果却适得其反。在教授新课之前，教师可以在准备活动中将本节课用到的或者将来要用的动作进行分解教学，这样学生学习新课的时候就不会感到复杂而难以接受，还可以提高学生对民族传统体育项目的认知和学习兴趣。

（3）根据体育项目调整教学节奏。民族传统体育项目的整体习练节奏因项目而异，如果整堂课按一个节奏进行教授下来，学生的精力难以一直集中，学习效果就会打折扣。教师教授的过程中可以不断改变节奏，遇到技击性强的动作，学生兴趣很浓，可以慢慢地教授；遇到动作缓慢的招式，学生精神容易涣散，可以加快节奏，强迫学生精力高度集中。快慢结合的教授方法使学生的精力始终处于紧张状态，教学效果也会大大提高。

（4）将适宜的小游戏等融入准备活动，增加学生学习民族传统体育项目的动机。准备活动中可以增加一些适宜的小游戏的练习，这些练习能够使学生熟悉民族传统体育项目的节奏和韵律，培养他们"阅读环境"的能力，从而熟悉这些套路，掌握民族传统体育项目所需要的身体灵活性，学习时就能建立自信，身体自尊也会进一步提高，学习起来就会如鱼得水、游刃有余。

（5）差异性。学生成长的环境不同、身体素质不同，在学习民族传统体育项目时难免会具有差异性。教师应根据学生的差异进行教学方法的选择，可以是教师统一教授再分别指导，还可以是学生之间互相观看、互相模仿、相互点评和指导。

（6）遵循生理运动规律。每一项运动项目的教学都要遵循人体固有的生理规律。在教授过程中要做好对身体各组织和关节的保护，科学的学习和训练才能保证健康的练习者长期进行民族传统体育项目的练习。

（7）教与学的顺畅沟通。在课堂教学过程中教师是主导，但是受教对象大学生也有很强的主体意识。在整个教学过程中，在教学进度、教学方法、教学节奏等的把控方面，教授者和学习者要有顺畅的沟通，保证教学有量更有质，使学生和教师都终身受益。

2.建立共享民族传统体育项目公众号和小程序

"共享单车"在全国成功推行，"共享"时代也随之到来。我们可以依托高速发展的互联网技术，建立共享民族传统体育项目的相关公众号和小程序，利用此程序使民族传统体育项目的相关知识和视频在高校校园中普遍传播。这类公众号可以很好地对民族传统体育项目进行宣传和推广，普及民族传统体育项目的起源、发展、功效、运动损伤的防护等科学常识，并且共享民族传统体育项目大师讲座和大型演出信息。

民族传统体育项目相关小程序可以共享民族传统体育项目大师的教学视频及精彩的民族传统体育项目比赛视频，吸引大众的目光。

3.建立以课堂教学为基础的 $n+1$ 模式

将民族传统体育项目课堂教学、学校民族传统体育项目协会训练及校级运动队训练有机地融为一体，在科学的教学原理的指导下有计划地将课堂教学、课余训练、校外竞赛有机结合起来，使民族传统体育项目不断拔高、提升，获得深厚的群众基础，从而得到广泛的认可、开展。

4.考教分离的结业方式

高校现有的考核方式大多是刻板的教师随堂考核，很少能激发学生学习民族传统体育项目的自发性。因此，我们可以以民族传统体育项目比赛的形式、表演的形式、教师班级互换监考等形式来作为学习结业的方式，提高学生对民族传统体育项目练习的主动性。

二、人文关怀视域下高校传统体育教学模式的探讨

（一）人文关怀视域下高校构建民族传统体育教学效能模式

长期以来，在实证主义思潮的影响下，高等教育过分地突出了"科学知

识"的地位，重分析轻综合、重实科轻人文、重归纳轻演绎等倾向在高等教育中司空见惯，人为地造成了科学与人文之间的疏远和隔绝，并直接体现为科学对人文传统的轻视。因此，在人文视野下建构民族传统体育教学效能模式，必须在遵循教学规律和课程规律的前提下，弘扬民族传统体育的人文内涵，树立民族传统体育文化自信，提倡人文关怀，重塑学科教师的人文素养和人文意识，真正提高民族传统体育的教学效能。

一是合理安排教学内容，加强民族传统体育项目的文化内涵研究，提高课程资源效能。

首先，教师应悉心钻研、分析和处理教学内容，做到合理取舍，把握传授内容的知识点、重点和难点。同时，加强与其他西方竞技体育项目的横向比较，了解其纵向的发展历史和现状，适度调整或重组有关内容主题，并渗透相应的解剖学、生理学等基础知识和竞赛规则，实现对教学内容的科学搭配、筛选和组合，优化课程资源。与此同时，教师要创造性地开展工作，重视对民族体育教学内容的二次加工、改编或创新，甚至微调一些危险项目的竞赛规则，以减少对学生的人身伤害，并以教材为载体，注重对民族传统体育文化的取舍和对生命安全的人文关怀，加强教学内容的教育性、健身性、综合性，活化课程资源。

其次，要加强对民族传统体育文化内涵的研究。为数众多的民族传统体育项目依附于生产、生活、练兵、娱乐和礼教的活动，几乎都有自己的发展历史和属于自己的小故事，蕴含着丰富的文化内涵。虽然现阶段民族传统体育文化中的"传统"因素因暂时无法充分发挥而不经意间导致了"传统"与"现代"间的断裂现象，使其自身发展面临巨大的"瓶颈"。但是，许多学者的研究指出，当前流行的几十种竞技项目并不能代表全部，要使当前世界体育不仅是少数天才和多数观众的世界，要想成为更多的身体力行者投入的广阔天地，就应使现代体育与传统体育相结合，发扬光大民族传统体育这一宝贵的人类体育文化财富，这才是现代体育发展的最佳途径。由于民族传统体育蕴含着丰富的哲学、美学、伦理、医学、民俗、宗教、文学、历史和军事等方面的理论与知识，因此应与人类学、民族学、历史学、文化学、哲学、美学等进行跨学科、跨领域的系统研究，获取对民族传统体育文化的本质特征、价值功能及其发展规律的认识，并多方位、多层面地探索民族传统体育中所蕴含的文化内涵，并在此基础上，添新去陈，充实和丰富传统体育文化，才能够有效激发学生的学习兴趣和热情，提高学生对民族传统文化的认同感与归属感，增加课程的吸引力。①

最后，要重塑任课教师的人文素养。虽然我们不能要求学科教师通晓天文地理和古今之变，但在西方体育为主导的大环境下，固守传统教育观念，人文素养贫乏，对民族传统体育文化历史沿革和发展处境、文化内涵、规则演变等缺乏了解和热爱的授课教师，其授课内容必然匮乏单一，将无法感染学生，激发学生对民族传统文化的热情，制约课程资源效能的发挥。因此，只有完善培训体制，提高任课教师的人文素养，才能有效解决民族传统体育教学中教师自身的困惑并改善教学行为，为学生提供优质的教学服务。

二是以人为本，强调对话合作，应用多种教学形式提高效率效能。

首先，贯彻以人为本的教育理念、确立学生的主体地位既是时代发展对教学工作的必然要求，也有利于创建新型的师生关系、生生关系。因此，坚持以人为本，一方面要给予学生较大的选择空间，使其可以根据特长和兴趣选择喜爱的民族传统体育项目，在参与中了解民族传统体育文化，掌握练习的方法及竞赛规则等，必要时教师要主动帮助学生根据自己的身体条件和状况制定学习进度。另一方面要确立学生在教学过程中的主体地位，聆听和重视学生的合理诉求，既突出学生的主体地位，又注重发挥教师主导作用，不唯教师为中心，也不唯学生为中心，调动学生学习的积极性、主动性和创造性，增强教学工作的实效性，提高教学效率。

其次，使平等对话、相互交往、相互合作和促进贯穿教学全过程。长期以来，学校体育教育被公认为是一种强势体育教育，学生的活动基本上在教师的控制范围内，学习的内容是规定的，练习的方法也是规定的，这与思维活跃、信息来源广泛、对民族传统体育充满"新、奇、美"的想像的大学生们的期待有着相当大的距离。因此，建立师生平等的对话关系和合作关系，通过交往形式建立师生融洽的人际关系，才能够真正做到以学生发展为中心，尊重学生的需要，关注学生的个体差异，重视学生的情感体验，有利于激发学生学习民族传统体育知识技能的极大兴趣，提高学生的学习效率。

最后，要克服各种偏差的教学行为，积极开展参与式教学、研究式教学、咨询式教学等形式多样的教学形式。民族传统体育项目的内容虽然近年来得到了不断的丰富和发展，但有的项目还存在着一些技术性问题，因此教

---

① 徐彩桐，于淼．民族传统体育现代化发展方向和策略的探析［J］.辽宁体育科技，2007（6）：74-75.

学中要克服"我教什么你就得学什么",或者弱化对学习者运动技能的教学与训练,转而追求表面自主等各种偏差的教学行为。通过重视教学过程中"人"的因素,引导学生特别是少数民族学生积极参与教学设计,使教学过程中多启迪少强制,多交流少灌输,实现师生交往与有效互动,积极创造一种开放式的学科秩序与结构,使学生不再是以被动地模仿运动技术为主,而是在教师的指导下,在参与中、对话与合作中培养和提高自身的思维能力、动作表现力和创新创造力等,从而提高课程的效率效能。

三是尊重个体差异,多元评估学习过程,提高评价的反馈和激励效能。

体育教学评价的激励导向作用,在体育教学实践中是显而易见的。如果评价的标准和内容能够全面反映《课程标准》的要求,能体现学生全面发展的方向,体育教学评价所发挥的导向作用就是积极的、有益的。[①] 体育教学是以肢体活动为媒介的一种教育活动,人的体能和运动技能状况并不仅仅与其后天练习和训练有关,还与其先天遗传,后天营养、发育程度及日常的体育锻炼密切相关。因此,人文视野下的体育评价,一方面强调评价者与被评价者之间要建立一种平等、信任的对话关系,保证评价的真实性和公平性。另一方面,要提倡评价主体多元化、评价方法灵活化、评价内容的全面化,即将运动参与、运动技能、身体健康、心理健康和社会适应五个体育课程领域的目标列为学生学习评价的主要内容之一,不再仅仅是对学生的运动参与和运动技能进行横向优劣的比较,应当重视学生在原有基础上的提高和学生个性的发展的特征,并提高态度和情感在评价中的比重,提倡多元化、综合性的教学评价。此外,由于学校体育的终极目标是培养学生终身体育的意识和能力,教学也存在着大量不易量化的人文因素(体育态度、思想品德、心理素质、社会适应能力)等,综合性评价和鼓励性评价都是必需的,以提高评价的反馈和激励效能。

---

① 杨贵仁.中国学校体育改革的理论与实践[M].北京:高等教育出版社,2006:48.

第三节　智慧学习环境下高校民族传统体育教学模式的构建

一、智慧学习环境概述

智慧学习环境能够实现物理环境与虚拟环境的融合，能更好地提供适应学习者个性特征的学习支持和服务。智慧学习环境下的学习将以知识联通学习为主，这种学习方式强调构建规格多型、路径多样、评价多元的教学生态环境。智慧学习环境为"通过物联网技术、大数据系统和人工智能技术等现代高科技来全面感知学习情境、识别学习者特征，提供合适的学习资源与便利的互动工具，自动记录学习过程和测评学习结果"的智慧学习系统提供了有效的支持。

（一）智慧学习中心的概念与体系结构

智慧学习中心是高等教育之后的继续教育阵地，其所承担的任务决定了它至少应该围绕大学所应该具备的"教学、科研、社会服务"功能中"教学、社会服务"功能来开展活动。从技术的角度来定义，智慧学习中心是将云计算、物联网、移动互联网、人工智能等多种信息技术在学习中心的综合、全面应用，实现更灵活的信息化基础支撑、更广泛的互联互通、更透彻的学习情境感知、更智能的数据资源应用、更深入的智能控制、更绿色的能耗管控。

智慧学习中心在内涵和外延上都有自身的特点。一方面，学习中心应该按照自己的定位和分工打造自身的智慧校园，实现学习中心全流程信息化；另一方面，学习中心与总部（校）有着紧密的联系，体现在信息化层面则可以理解为总部的公有云与学习中心的私有云可以实现无缝衔接。因此，智慧学习中心在体系上应该至少包括智慧学习、智慧管理、智慧行政、智慧绿色校园、智慧空间、智慧健康服务六个部分。

1.智慧空间

空间所建置的环境，具有情景教学的实质影响力，校长和居领导职位者的教育理念，可透过物质学习环境的规划设计与布置，引领学校空间规划和教育革新与发展。基于此，有必要对学习中心空间进行整体规划，合理构建与之相适应的教育项目种类和教学形式。通过前期建设阶段的空间规划，实现空间规划带动课程发展、引领教学创新、丰富教学模式、促进行政改革，提高服务周边社区的能力。

2. 智慧管理

以服务教学各个环节为中心，梳理过程中对后勤保障的要求，并将其与服务评价一并设计，将其封装在学习中心教室管理 APP 中，实现一键预约保洁、订餐、维修、快速安保响应等服务。

3. 智慧行政

以学习中心原有的人事管理、财务管理、行政办公、教务管理等常规信息系统为基础，按照互联网 + 的理念在实现数据互联互通的基础上，以服务为核心，采取多端融合的方式改造原有业务，为学习中心教学服务人员提供空间动态申请服务、各类教学项目投入产出分析及成本核算服务、人员绩效管理服务、学习中心管理范围内各类行政服务、办公审批服务。

4. 智慧绿能

智能感知学习中心运转情况对各空间能源进行有效调控，确保智能化管理中心能耗。

5. 智慧学习

围绕学习中心各类空间设计相应的学习环境，为移动学习以及不同种类学习模式（如协作学习、探究式学习等）提供支撑，以及课堂教学与云教学平台的无缝衔接，打造高效课堂和时时、处处可以学习的学习环境。

6. 智慧健康服务

围绕传感设备对学习中心人员体温等健康数据进行采集监控、对中心各空间环境数据进行实时监控并提供智能管理，在保证安全的前提下尽可能优化环境指标，为学习中心各类用户提供智能化的环境管理服务。

（二）智慧学习环境的内涵及特征

构建学习环境是实现学与教方式变革的基础，智慧学习环境是信息技术发展的必然结果，对教与学有着革命影响。智慧学习环境是以适当的信息技术、学习工具、学习资源和学习活动为支撑，科学分析和挖掘全面感知的学习情境信息或者学习者在学习过程中生成的学习数据，以识别学习者特性和学习情境，灵活生成最佳适配的学习任务和活动，引导和帮助学习者进行正确决策，有效促进学习者智慧能力发展和智慧行动出现。综合已有学者对智慧（智能）学习环境研究的分析，智慧学习环境将突显以下基本特征：①全面感知，具有感知学习情境、学习者所处方位及其社会关系的性能；②无缝连接，基于移动、物联、泛在、无缝接入等技术，为学习者提供随时、随地按需学习的机会；③个性化服务，基于学习者的个体差异（如能力、风格、偏好、需求）提供个性化的学习诊断、学习建议和学习服务；④智能分析，记录学习过程，便于数据挖掘和深入分析，提供具有说服力的过程性评价和总结性评价；⑤提供丰富资源与工具。提供丰富的、优质的数字化学习资源供学习者选择；提供支持协作会话、远程会议、知识建构等的多种学习工具，促进学习的社会协作、深度参与和知识建构；⑥自然交互，提供自然简单的交互界面、接口，减轻认知负荷。期望通过在这样的学习环境中设计多种智慧型学习活动，能够有效降低学习者的认知负载，提高知识生成、智力发展与智慧应用的含量；增强学习者的学习自由度和协作学习水平，促进学习者个性发展和集体智慧发展；拓展学习者的体验深度和广度，提供最合适的学习支持，增加学习者对成功的期望。

1.个性的学习

满足学习者的个性需要是智慧学习的显著特征。在智慧学习过程中，学习者的需求能够被系统自动感知。学习者所处的地点、时间甚至当时的情绪都能被智慧环境及时感知，智慧学习系统根据学习者所处的物理环境，结合学习者的成长记录，及时为学习者提供当前需要的或具有潜在需求的个性化学习资源和学习服务。智慧学习中的即时交互使学习者能够获得教师一对一的个性化服务。协作群组服务能够帮助有相同学习需求和兴趣的学习者自动形成学习共同体，就某个问题开展深入的互动交流。

2.高效的学习

在智慧学习过程中学习者通过资源订阅和智能推送的方式第一时间获取最新的学习资源。智慧环境通过情境感知、数据挖掘等方法可以提前预知学习者潜在的学习需求，自动推送可能感兴趣的资源，节约学习者盲目查找资料的时间。智慧学习环境中的各种学习工具是集成的、智能的、微型的、无处不在的，学习工具是人们可穿戴的物品（如谷歌眼镜、智能手表等），甚至是植入皮肤表面和大脑、成为身体一部分的智能芯片，学习者可以及时享受各种工具提供的便捷的学习服务。此外，智慧环境为学习者应用知识提供了条件，如智慧教育探究基地可以允许学习者对课上所学物理、生物等科学知识进行快速验证。

3. 沉浸的学习

智慧环境具有感知性、个性化、适应性、泛在性等特征，学习者在智慧环境中能够更加投入、轻松、沉浸的学习。感知性和个性化的特征让学习者有"环境懂我"的亲切感，当"所想即所得"成为现实时，学习就变得乐在其中了。智慧学习环境可以作为学习者的学习伴侣，可以与学习者开展自然的对话，如学习者可以通过智能手机获取某个知名建筑的历史信息。学习者还可以在环境中留下信息，如对某个国外景点添加中文介绍。学习者与环境之间的相互融合，使智慧学习具有更强的沉浸感。适应性与泛在性让学习过程变得更加顺畅、无障碍，保证学习者的学习积极性不会因学习环境的改变而减退。沉浸式的智慧学习有利于学习者摆脱技术的束缚，更加专注于学习本身。

4. 自然的学习

智慧学习能充分满足学习者的个人需求、兴趣适应其偏好、风格，允许学习者在一种"自然的（非外力控制的）"的学习环境中以更加自我的方式进行学习。智慧学习的自然性表现在学习内容、学习场景以及媒体技术等方面。智慧学习中提供的学习内容都是贴近实际生活的，具有实践意义，这种自然的学习内容更容易激发学习者的兴趣；智慧学习不仅会发生在智慧教室、智慧校园，还能够发生在图书馆、博物馆、社区、商场等社会场所，这些生活场所通过网络实现无缝连接，实现学习过程的连续性；智慧学习需要有多种媒体技术支持，但这些技术对于学习者而言是"隐形的"，不会被学习者所察觉，因而也就不会成为学习者开展智慧学习的障碍。

5. 持续的学习

持续的学习是指学习者不断寻求新的知识，发展新的能力，实现新的目标。持续学习的开展需要学生者具有强大的自身意志来与学习环境融合。在智慧学习过程中学习者能够更好地了解自己的个性特征，明确自己的发展目标，从而激发持续学习的欲望和动力。外界源源不断提供的个性化学习资源、实时的反馈、多元的评价、和谐的氛围等都将为学习的持续性提供外部保障。正式学习与非正式学习的相互融合，独立学习与协作学习彼此结合，使学习活动更灵活。课堂、校园、图书馆、博物馆、社区等各种学习环境的整合，使学习变得更便捷、有趣、可持续。

二、智慧学习环境下高校民族传统体育教学模式构建的可行性

（一）基于高校民族传统体育项目创新要求

随着"互联网+"与高校教育改革的不断融合，高校民族传统体育的教学形式也逐步增加了信息化的特色。例如，教师和学生可利用移动客户端、电脑 PC 客户端等在网络中搜索与高校民族传统体育项目密切关联的内容与信息，从而获得丰富的教学素材、资源。智慧学习环境作为一种可感知学习情境、提供适宜的学习资源与便利的互动工具，具备自主记录、评测、识别学习者学习成果及特征，敦促学习者有效学习的功能。在智慧学习环境塑造的要求下，高校民族传统体育的项目开发及改良，势必需要以学生的实际需求、项目的特质与传承要求等为基础。

但是考虑到高校民族传统体育教学的电子教材梳理与种类较少，大多需要教师自行设计与制作。如此，在高校民族传统体育与智慧学习环境融合的教学模式中，教师就需要考虑如何使用现实技术为学生呈现高校民族传统体育项目教学所需的各类真实场景，以便在提升学生学习动机、兴趣的同时，增加学生身临其境的感觉。这个过程恰好是教师重新学习、了解、研究、理解、创新高校民族传统体育的过程。如果教师可以真正抓住智慧学习环境构建的要求，在以学生为本的教学改革下加大高校民族传统体育项目的创新与传承力度，那么在实践应用中，教师方面"高校民族传统体育的本质与特性难以发挥"的问题很有可能将得到一定程度的解决。

（二）基于学生自主探究兴趣培养的要求

目前很多高校在开展高校民族传统体育项目时，需要教师预先学习，继而传授给学生，并非是学生真正参与到高校民族传统体育项目的开发与创新中。然而高校民族传统体育与其他体育项目相比，存在诸多的特殊性，如不同的项目需要与之匹配的体育器材、表现技法等，这就要求教师不但需要掌握每个项目的体育运动技能，还需要了解该项目的民族文化内涵等。高校民族传统体育与学生需求错位意味着在高校民族传统体育教学过程中，学生的实际兴趣和需求还需要进一步被重视并在项目选择和创新设计中充分得到考量。

众所周知，兴趣是学生深入学习的基础。但是在"教师＋讲解示范＋练习"的高校民族传统体育项目教学模式下，学生很难找到学习的兴趣与积极性。面对此种情况，智慧学习环境要求教师使用集成化课堂控制系统来控制学习终端，为学生推送学习资源。学生使用便捷的交互学习工具，在与教师和其他同学互动沟通的同时，可及时反馈自己的学习成效、成果，以及在学习感悟过程中的所思所想、存在的问题等。智慧学习环境所提供的虚拟学习社区、微博、QQ、MSN、微信等同步沟通通信工具，能很好地解决教师在教学过程中对学生的学习进程把控不足等问题，使教师能及时了解学生的兴趣和需求，继而及时调整教学内容。基于此，结合高校民族传统体育项目需要和学生需要创新开发的要求，在高校民族传统体育项目的选择和教学中建立智慧学习环境，有利于教师将智慧性的学习与高校民族传统体育项目的开发、学生综合素质的培养与提升等进行有机结合，从而反哺学生的高校民族传统体育学习与探究。

三、智慧学习环境下高校民族传统体育教学模式的构建途径

（一）以"教学社群＋学习社群"模式构建体育项目内容体系

在高校民族传统体育项目教学改革创新中引入智慧学习环境，首先就需要在教学模式与学习资源两部分进行调整。当前国内高校民族传统体育教学应用比较广泛的地区，大多为少数民族聚集、聚居较多的地区，高校民族传统体育在引入高校后，高校所选择的项目大多表现为可有机补充高校课程，利于提升高校体育专业师资力量和科研水平，利于帮助高校拓展多元化、特色的教学活动。比如，根据学生所在民族地区的习俗开展相近的民族体育项目，如壮族的抛绣球、跳竹竿、板鞋竞速运动、各类民族舞蹈以及汉族的扭秧歌、花样跳绳、拔河等。在着手学习资源和教学方式开发与创新时，教师可利用互联网与学生一起筛选可引入的本土民族体育项目，对学生感兴趣的民族体育项目进行排序遴选，再结合学校的硬件设施及资金情况，选出符合教师实践教学、学生智慧学习的体育项目及配套资源。

有效学习是群体与个体共同构建的产物，按照目前高校民族传统体育项目改革需求以及改革过程中存在的问题，建议将教学社群与学习社群结合，共同开发符合学生兴趣爱好和研究探索要求的体育项目内容体系。比如，太极系

列有太极推手、太极剑、简化的太极拳，木兰系列有木兰双圈、木兰扇、木兰拳，武术系列有鞭、棍、刀、剑、拳等，其他如抛绣球、滚铁环、踩高跷、跳竹竿、板鞋竞速、珍珠球、秋千、放风筝、八段锦、民间舞等都可作为高校开设民族体育课程特色内容体系的选择对象，供给教学社群和学习社群共同研究、分析和选择。在此过程中，按照弘扬民族文化，开发现有资源的目的，教学社群与学习社群可利用自然资源、校内外资源以及媒体资源等，改造和开发本土民族体育项目，将其渗透到体育俱乐部、社区体育、家庭体育等，通过改造和利用来提升教学社群与学习社群的合作能力、创新开发能力。

（二）以丰富互动研讨模式搭建网络互助平台

在实践应用中，智慧学习环境需要教师与学生在学习管理系统中充分利用好其他积累要素。从高校民族传统体育项目改革的视角出发，建议教师充分利用好微信 APP、QQ 软件等社交工具，作为时时发布"高校民族传统体育项目"研究课题、项目和课程相关信息，布置作业，为学生答疑解惑的平台。微信群、QQ 群的视频上传功能，可作为教师与其他学生共同分享和评估上传者动作练习情况的渠道。从"互联网＋"层面着眼，有条件的学校可探究具有校本特色的高校民族传统体育项目，并搭建项目教学网络互助平台，制作高校民族传统体育项目虚拟教学模型。可利用多媒体教学方式增加理论课节数，并利用互联网的便利性，与其他高校体育教师共同在互助平台中为学生在线答疑解惑、教师之间随时互动探讨，甚至在网站平台中增加典型的民族体育优秀教学视频，便于学生和教师随时观阅与学习。此种操作方式一方面可作为"教学社群＋学习社群"研究模式的补充，另一方面有利于丰富民族体育教学模式、内容、评估体系等。

第七章 基于文化传承与创新的高校民族传统体育教学模式的发展

第一节 民族传统体育文化的基本内涵

文化内涵一般包括物质文化内涵、精神文化内涵和制度文化内涵。体育文化内涵则是与体育有关的三种文化内涵的整体，三种文化内涵是民族传统体育发展的基础主导和保障，对民族传统体育文化的发展起着重要的作用，它们被称为三大要素，相互间彼此联系，协调发展。

一、物质文化内涵

（一）民族传统体育项目本身

许多专家和学者经过长期的研究和实践，对民族传统体育起源有了共同的认识，他们认为传统体育起源与人们的生活需要有关。如有专家认为，"由于各民族所处的山川地理环境不同，从而形成了各民族的不同风俗习惯，产生了风格各异、形式多样的民族传统体育活动。"[①] 还有一些专家认为，民族传统体育是人为了生存和自然斗争，和其他生物斗争，也包括人与人搏

---

① 田祖国，姜河，白晋湘，等.湘鄂渝黔边山寨民族体育文化研究现状及发展对策 [J].
西安体育学院学报，2000，17（3）：1-2，5.

斗、宗教祭祀活动和娱乐活动产生的各种民族体育项目。也有学者认为民族传统体育活动来自人类的实践活动，因而，随着地域环境的不同形成了不同的传统体育活动项目。

（二）运动器材、器械设备方面

民族传统体育项目在运动器材、器械设备方面，有的民族传统体育项目有较多的需求，有的基本没有需求，如刀、枪、弓、箭、棍、棒等是较为常见的器材、器械，通过对运动器材、器械的研究，可以更深入地研究传统体育文化的内涵。在我国民间流传着很多民族传统体育项目，如民间流行的风筝就是其中一种民族传统体育项目，各地风筝特色不一，北京风筝中最为出名的是哈氏风筝和金氏风筝，其他一些具有风筝特色的地区是天津和潍坊。这些地区的风筝做工精巧，绘有各色图案，配上各种动物、花草，既独树一帜，又各具特色。

（三）民族传统体育的文献典籍

如今，我们可以通过历史文物、书籍记载了解各地的传统体育，以及各民族的传统体育。古代有《周礼》，近代有《西藏志》《中国民族传统体育志》等书籍可供借鉴。近代的民族传统体育的文献资料数量越来越多，如《西藏志》记载，侗族有"花炮节"、藏族有"赛马节"和傈僳族有"刀杆节"等。近代最具代表性、记载最详细、收录内容最多的当属《中国民族传统体育志》，它为我国进行民族传统体育的研究提供了极大的帮助。

（四）出土文物、壁画及民族服饰

传统体育物质文化的研究还包括各种出土文物，在这些出土的文物中，有一个具有代表性的文物是"石球"，它体现了我国"蹴鞠"活动的发展，揭示了足球在中国的起源。另外，根据一些出土的历史文物和珍贵壁画，我们可以探索和分析当时的生产力情况、生活情况及文化程度。我们还可以根据各个民族的服饰研究传统体育。中华民族中少数民族众多，每个民族都有自己的服饰，而且在不同的节日里，都会有不同的娱乐活动，因而所穿的服饰也不同，各种靓丽的服饰既体现了各民族传统文化的积淀，也是对传统体育文化的一种侧面展示，这些都是民族传统体育文化的重要组成部分。

二、制度文化内涵

中华民族拥有悠久的体育文化历史，民族传统体育的发展过程经历了萌芽、产生、发展、繁荣以及衰败等过程。各种体育制度虽然存在一定的差异，但还是表现出明显的稳定性与一致性。

（一）中国古代民族传统体育体制的相同点

1.重文轻武

在中国古代，重文轻武的思想一直非常严重，这种观念使体育的地位得不到提升，在一定程度上阻碍了我国民族传统体育的发展。自汉武帝罢黜百家之后，儒家思想便一家独大，汉朝设立了太学，在官学中，其所教的内容大多是文治方面的，涉及武艺的教学内容很少，到了后来武艺教学甚至被基本废除了，致使国民的身体素质每况愈下、大不如前。"肤脆骨柔，不堪行步；体瀛气弱，不耐寒暑。坐死仓猝者，往往而然"是对许多贵族子弟最为形象的描述。至北宋以后，在宋明理学以及八股取士制度的影响下，重文轻武之风发展到极盛。在儒家思想的影响下，整个封建社会以"经学"取士的用人标准、用人制度在一定程度上阻碍了民族传统体育的健康发展。

2.受传统教育的束缚

两汉以后，儒家的"礼乐观"和伦理教化的错误价值取向都对我国民族传统体育产生了重要影响，造成了"重功利，轻嬉戏"的民族传统体育文化的传承发展与保护的思想倾向。从儒家学者的观点来看，体育是成德成圣的阶段，不能任其发展，应该加以制约，加以约束，这在很大程度上也阻碍了我国民族传统体育文化的蓬勃发展。

（二）中国古代不同历史时期体育体制的差异

1.夏朝—春秋时期

在夏朝—春秋时期，随着生产力的发展和社会的进步，体育有了进一步的发展。民族传统体育开始多样化和具体化。多样化主要体现在体育形式上，在军事、学校、娱乐、保健等方面都有所体现。如在国家军队中，士兵通过锻炼身体来增强战斗力，以"田猎"与"武舞"为学习的主要内容，《礼记·月令》对当时的军队训练有详细记载。

2. 战国—三国时期

春秋之后是战国，此时，军事局面的主宰者不再是贵族统治阶级，战争更多依赖于部队的战斗力与个人的武艺，这也在一定程度上促进了军事体育的发展。

春秋战国时期，各国为了提升军队作战力，提高训练效率，在士兵的训练过程中增加了武艺训练，更加注重训练的规范性和系统性，这样士兵的训练会得到快速的提升。同时，各国还对兵种进行了分类，这样有利于分开训练，提高训练效率，也有利于排兵布阵，对军事作战及军事思维都起到了促进作用。

到了战国后期，军队体育的发展也推动了其他体育活动的发展，较为突出的是娱乐体育项目，这一时期出现了很多人们喜爱的娱乐体育项目，娱乐体育项目得到了快速的发展，这些项目包括射箭、投壶、舞龙、蹴鞠、斗兽、民间舞蹈、秋千等。

到了秦汉时期，宫廷和民间乐舞较为盛行，方仙术和导引术等也获得了较大的发展。

3. 西晋—五代时期

我国古代体育在西晋—五代时期盛况空前，这一时期，一些阻碍我国传统体育发展的制度开始逐渐被废除，在很大程度上促进了体育发展，特别是武术在这一时期得到了较大的发展。魏晋以后，玄学、佛学以及北方少数民族习俗在一定程度上遏制了传统儒学"礼乐观"的发展。到了唐朝，国家推行武举制度，重视武力，这些都促进了军事体育的发展。这时社会政治稳定、经济繁荣，一些民族体育活动、一些传统节令活动都得到了较为良好的发展。

4. 北宋—清朝时期

在北宋—清朝时期，重文轻武的社会风气开始逐渐盛行，这严重阻碍了我国民族传统体育的发展。但可喜的是，这一时期出现了军事武学学校，学校里的学习主要包括两部分：一部分是军事理论学习，一部分是军事实践学习，这使军事体育得到了较好的发展。

第二节 民族传统体育文化的功能与价值

一、民族传统体育文化结构与功能的关系

民族传统体育文化结构是指民族传统体育文化系统内部诸文化要素相互联系和相互作用的方式。它是民族传统体育文化系统保持整体性以及具有一定功能的内在根据。民族传统体育文化功能是民族传统体育文化系统与外部环境相互联系和作用过程的机制和能力，民族传统体育文化功能的发挥既受民族传统体育文化系统内部结构的制约，又受外部环境变化的制约。

可以说，文化功能是一种特定的文化结构，功能所体现的是结构与外部环境之间的物质的或精神的、能量的或信息的输入与输出的交换关系。文化结构决定文化功能，文化功能反作用于结构，无结构即无功能，也就没有系统。民族传统体育文化也毫不例外。

但是，文化结构内部每一个子系统与特质都有相对的独立性，都具有某种独立功能，一般说来，体育物质文化的功能主要是获取和创造功能，体育制度文化的主要功能是整合功能，体育精神文化的主要功能是认知和价值定向的功能。同时，一个文化结构的功能又不是各个子系统和特质的简单相加。因此，调整民族传统体育文化结构内部各子系统和特质的地位和组合，使之达到整体大于各个部分之和的效益，具有十分积极的意义。

民族传统体育文化是一个系统，具有一般系统的整体性、结构性、层次性、非加和性、制约性。民族传统体育文化系统的核心要素是人，人是一切文化的核心，更是民族传统体育文化核心的核心。民族传统体育文化的结构功能都统一于这个核心——人，通过体育锻造出来的身心健全的人。人的需要和人的追求是民族传统体育文化的动力，民族传统体育文化又推动人的需要的不断拓展。于是，民族传统体育文化的结构和功能达到了发展中的统一。

二、民族传统体育文化的功能

根据不同的角度和出发点，人们对文化的功能做出了多种多样、并非统一的划分和归类。如有人指出，总的来说，文化系统的功能是整合功能、适

应功能、目标获取功能、创造功能。当然也存在对应的负功能。有人认为，文化功能根据性质可以分为享受和发展功能（生存、审美、认知）、社会化功能、控制功能（对人的行为导向、整合、指挥、润滑和摩擦）、区别功能。有人认为，文化功能弥漫于政治、经济和社会生活各个领域，主要有效益、决策、规范、宣泄功能。还有人认为，文化功能大体有满足、认识、改造、组织、整合、教化、选择、向心功能。

对民族传统体育文化功能的看法也是同理。有人认为可以分为本质和非本质功能，有人认为应该分为基本功能和派生功能，有人认为应从身、心、群的角度对体育功能进行归类……

也有学者认为，作为一种文化系统的民族传统体育，应该从人的主体性发挥的视角透视它的功能，应该立足于文化结构的分化和组织及其矛盾运动来考察它的功能，应该高屋建瓴地对它的大量具体功能进行抽象和提炼，使之具有文化学的意义。在这个意义上，创造和超越是体育文化最具有文化学意义的功能。两者合二为一，创造的过程就是超越的过程，当一个运动员打破一项世界纪录时，既是一种对原有纪录的超越，又是一次新的纪录的创造。[①] 民族传统体育文化的创造和超越包含了潜能与现实、革新与继承、人与自然、人与社会四对矛盾，四者相互联系构成了统一的民族传统体育文化功能，展示出人的主体性。体育哲学的五大范畴——身心关系、天人关系、生死关系、动静关系、自我与超越关系，在这里与民族传统体育文化功能的四对矛盾相契合。

首先，民族传统体育文化功能的发挥是人的主体性从潜能到现实的生生不息的运动。民族传统体育对于人的潜力的挖掘，从人们最初的依靠自然和神进步到依赖自己的体力和智力，这是民族传统体育文化功能不断发挥的过程。人类依靠科技、医学、政治经济关系等培植民族传统体育文化，在同自己交往的过程中提高人的身心发展水平，满足人的各种需要，把人类世代的理想变成活生生的现实。这是一种对人的身体、智慧和意志的超越。

其次，民族传统体育文化功能的发挥实质上也是民族传统体育文化不断创造发展的过程，是在保存民族传统体育文化的基础上对新的和外来的体育文化加以新的创造、阐释、发挥，并对其意义做出新的规定。这是一个批判与继承、创新与延续的矛盾运动。没有一成不变的民族体育文化，也没有完

---

① 白晋湘.民族传统体育文化学[M].北京：民族出版社，2004：36.

全封闭的民族体育文化，民族体育文化总是在创造中生存和发展。

再次，通过民族传统体育文化功能的发挥，人们拓展了自己的活动范围，把自在之物转化为自我之物。动物与自然界的联系无中介，人则通过文化作为中介与自然界联系，民族传统体育文化作为锻造人的身心的文化具有尤其突出的地位。体质和精神、感性和理性、自然性和社会性统一的人就是民族传统体育文化给人类文化的最大财富。

最后，民族传统体育文化功能的发挥改变了人与社会的关系。原始人类只有通过群居生活方能生存，当前社会的高度组织化又束缚了人的自由发展，民族传统体育文化作为调节人与社会关系的手段，对于保证人与社会发展的一致性具有重要意义。

三、民族传统体育文化价值及其与功能的关系

基本的民族传统体育文化要素是民族传统体育文化功能的物质基础，民族传统体育文化价值是人的需要和行为赋予民族传统体育文化功能的体现。在要素、功能和价值三个因素中，要素是客观的（当然不是绝对的，也是人的观念物化的产物），功能是客观对主观的作用，主观为条件范畴，价值则是主观对客体作用的结果。

只有在这个意义上，我们才能认识到民族传统体育文化价值的成因及其与民族传统体育文化功能的关系。

增强体质为民族传统体育文化的本质功能。科学和合理的民族传统体育文化是体育的前提，而科学和合理的动作带来的第一个功能便是增强体质，这是不以人的意志为转移的。至于其余的娱乐、审美、社交、政治、经济等功能都是衍生和依附的。民族传统体育不大可能只是增强体质这个单一功能。因为人们参与民族传统体育的目的很少仅仅为了健身而没有其他意图。功能是本身固有的，价值是人的需要和主观行为的结果，是人的主观需要与事物功能的客观性统一。因此，民族传统体育文化的功能是由人体和人体运动的客观规律决定的，民族传统体育文化的价值是人们对民族传统体育文化功能的认识水平和人的需要发展水平的统一。在一定的时空环境下，民族传统体育文化的某些功能可能不转化为价值，即没有得到利用和展示。人们的体育需求也可能超越民族传统体育文化功能的限度而造成民族传统体育文化价值的失真。

值得注意的是，在一定条件下，体育文化的价值需求可以推动体育文化

功能的拓展（不摆脱客观规律的制约），展示人的主观能动性，如足球场上没有守门员的时候，客串守门员的其他位置的队员可能会表现出色。此时，非守门的球员就暂时获得了守门员的价值。

民族传统体育文化的社会价值往往表现为对体育个体价值的放大和体育基本功能的深化，如体育运动为人格发展提供机会，继而以社会活动形式出现的大众体育似一股巨大的文化潮流进入人们的生活方式，对提高人们的文化生活质量起到特殊作用，再如现代体育运动的竞争性、公正性、公开性等精神与时代需要合拍，推动社会价值观念的进步。

第三节　民族传统体育文化在高校体育教学模式中的渗透与推广

民族传统体育是一个民族世代承袭的文化结晶，是民族共同体记忆与族群身份认同的特殊介质，是记载民族文化的"活化石"。但在经济全球化、文化多元化的进程中，许多民族传统体育形式日渐濒危，有逐渐淡出民众视野之势。高校作为传播人类文化的重要场所，理应担负起传承民族传统体育文化的使命。然而，以往的高校民族传统体育教学只注重技能的传习而忽略文化的传授，导致民族传统体育的校园保护传承出现偏差，"有的保下枝干，丢了根基；有的得其形表，失却神魂；有的则留驻孤影，家园难寻"。[①] 民族传统体育教学是一种技术传习过程，也是文化传播过程。本节从教学指导思想、教学目标、教学内容、教学方法等方面，探析民族传统体育文化在高校课堂教学模式中的渗透与推广。

一、教学指导思想和教学目标

（一）指导思想：技术传习和文化传授并重

民族传统体育文化在高校课堂教学模式中渗透与推广的一个基本指导思想是技术传习和文化传授并重。民族传统体育包含着丰富的文化内容，在教学中不能局限在体育技术层面，还需关照文化层面的东西。技术传习与文化

---

① 易斌.试论非物质文化遗产的本质[J].职业时空，2007，3（10）：80-81.

传授相辅相成，才能真正实现民族传统体育可持续的传承发展。"技术是文化的基础和动力，文化是技术的发展方向和目的"。[①] "文化教学需要技术来充实、饱满，而非空洞的说教或者纯粹的理论讲授；技术教学需要文化来提高、升华，而不单单是浅层次的技术方法传授或技术效度的评判。"[②] 因此，民族传统体育教学必须树立"技术传习和文化传授并重"的教学指导思想。将民族传统体育的技术传习与文化传授融为一体，不仅对民族传统体育的保护传承具有重要的意义，也有利于大学生文化素养的培植。

（二）教学目标：动作技术与文化素养兼顾

民族传统体育文化在高校课堂教学模式中的渗透与推广，其教学目标为掌握动作技术和培植文化素养。而培植文化素养又有两层含义：掌握民族传统体育文化知识；传递民族传统体育的内在精神。

1. 掌握民族传统体育的动作技术

体育的一个基本特征是"动"，动作是任何一种体育形态的基本构成要素，民族传统体育的文化要素常以动作为依托，民族传统体育的内在精神也要通过动作予以表达。因此，动作技术是民族传统体育教学最基本的内容，缺少动作技术的体育课堂教学是不可思议的。

2. 掌握与民族传统体育相关的文化知识

民族传统体育包含着丰富的物态文化内容，如体育器物、体育服饰和体育图腾物等；也包含着丰富的制度文化，如体育规则规范、民俗禁忌和奖罚措施等；同时，也包括许多相关的民俗文化，如生产文化、生活文化、节庆文化、民间信仰等。掌握体育文化知识，也是提高大学生人文素养的重要一环。

3. 传递民族传统体育的内在精神

民族传统体育包含着丰富的精神文化，如体育的审美意识、价值观念和精神诉求等。这些精神内容是民族传统体育文化的最核心部分。向学生传递体育内在精神，不仅可以培植学生的体育文化素养，还可以强化民族传统体育的保护传承意识。

---

① 冯天瑜，何晓明，周积明. 中华文化史 [M]. 上海：上海人民出版社，2005：37.

② 何晓明，曹流. 中国文化概论 [M]. 北京：首都经济贸易大学出版社，2007：46.

二、教学内容：体育技术与体育文化俱全

（一）体育技术

民族传统体育文化在高校课堂教学模式中渗透与推广的内容之一，是动作技术。体育是一种以"动"为主要特征的文化形式，传授动作技术是民族传统体育教学的题中之意。关于这一点，在体育界是有共识的。例如，桂东南采茶舞教学的基本内容就是动作技术传授。采茶舞一般包含开荒、点茶、烧茶山、采茶、炒茶、盘茶、送茶和卖茶等内容，其特色动作包括半蹲步、全蹲步、羊叮脚、三性步、鸦雀步等，还有内外八字扇花、点扇、遮羞扇、滚扇花、拖盘扇、四点扇、小碎步、云步、小跳步、三进三退步等。上述动作是构成采茶舞的基本动作要素，体现着地域特色，是采茶舞教学应重点讲解的内容。

（二）体育文化

民族传统体育文化在高校课堂教学模式中渗透与推广的内容之二，是体育文化。根据文化层次结构论，体育文化包括物质文化、制度文化和精神文化3个层次。民族传统体育的这3个层次的文化内容如下。

1.体育物质文化

物质文化是指由人类加工自然物而创制出的各种器物。民族传统体育的器具、场地、服饰等都属于体育物质文化。例如，桂东南采茶舞中的物质文化包括：①表演道具，如花篮、花扇、彩帕、绸带、小茶杯等。②伴奏乐器，如二胡、唢呐、笛子、鼓、钹、木鱼等乐器。③服饰，如男型戴黑色彩绣头圈，腰缠红腰带，脚穿黑布鞋；女性戴红色彩头圈，脚穿绣花鞋，身穿淡黄色壮族斜襟上衣、红色百褶裙，或穿红色大襟衣、青色长裤等。在采茶舞教学中，应根据学校的具体情况，有选择地选取运用，并讲解它们的文化内涵。

2.体育制度文化

制度文化是由人类在社会实践中形成的各种社会规范构成的。民族传统体育的制度包括活动规则、仪式规范、组织制度等。例如，采茶舞表演时，女演员一般左手提茶篮或拿手绢，右手持彩扇，表演内容大多是从茶的生产

劳动流程提炼出来的生产、生活方式。教师在体育课堂教授采茶舞时，应讲解当地生产、生活中的规则、规范。

3.体育精神文化

精神文化是人类在社会实践和意识活动中经过长期孕育而形成的价值观念、审美情趣、思维方式、道德情操、宗教信仰、民族性格等，是文化的核心部分。民族传统体育蕴含着丰富的精神文化。例如，桂东南采茶舞体现着桂东南人民祈福求丰的情感。采茶舞"饱含着情感世界的虚拟和象征，它通过质朴、优美的形态动作来表达人们内心世界的自豪、赞美、明朗和浪漫，集中反映出劳动人民的人生观和审美观。"① 教师在教授时，应引导学生透过采茶舞的动作表象，解析动作背后的精神内涵。

三、教学方法

（一）技术教学方法

关于体育技术的教学方法，在以往的论著中已有较为详尽的论述。这里仅从"文化植入"角度，说明民族传统体育的教学方法。民族传统体育的技术动作与传统文化往往具有同构性。民族传统体育的技术教学，应理清传统文化逻辑，从文化与动作的关系中寻找技术教学的切入点。

民族传统体育大都产生于传统文化土壤，其技术动作与传统文化高度统一，我们在传授民族传统体育的动作技术时，就应遵循传统文化的逻辑。动作性服务于文化性，文化性驾驭动作性，文化性是动作性的目的和价值体现。两者合理结合，缺一不可，构成一个整体。因此，我们必须依托传统文化，从传统文化与技术动作的关系中寻找技术教学切入点。若讲解民族传统体育项目的动作技术，教师就应从传统文化中寻找切入点。同时，在传授这些动作时，就要首先讲透动作背后的生产文化依据，加深学生对技术动作的理解。

（二）体育文化的教学策略

1.借助现代教学技术"植入"文化

现代教学技术，如多媒体技术和网络技术等，是文化渗透与推广的有

---

① 刘廷新，潘光辉.赣南、桂南采茶戏的比较研究 [J]. 四川戏剧，2009（5）：68-70.

力手段。借助现代教学技术，教师可将与民族传统体育相关的文化元素，动态、形象地呈现在学生面前，帮助学生清晰了解民族传统体育的民间形态、历史脉络和文化环境。例如，在讲授民族传统体育项目时，可以通过计算机等媒介，将与之相关的民俗风光、活动流程和原生态文化等形象地展示出来。教师特别应借助网络手段，创设多样化的教学情景，有效"植入"传统文化。网络具有方便快捷、信息量大的优势。教师可将体育文字、图片和视频等资料上传存储，方便学生检索浏览。学生也可将学习心得、作业、练习视频等上传到教学网站，方便教师指导。总之，互联网可弥补传统体育课堂教学受限于教学内容和时空固定等因素以及无法形成多样化、长久驻留的缺陷。

2. 以"文化讲解"模式引导技术传习

民族传统体育文化在高校教学模式中的渗透与推广，不仅是一种形体动作的传习过程，也是一种文化讲解的过程。在教授民族传统体育时，教师应首先以"文化讲解"为引导，讲清体育项目的形成和由来，介绍体育流传地的风土人情及民族心态，让学生了解相关的体育文化知识。在教学中，教师除了要传授民族传统体育的动作技能，使学生掌握各民族传统体育的"形"外，还要讲授民族传统体育所蕴含的文化内容。比如，在讲授太极拳时，既要把太极拳形成的历史文化讲解透彻，也要讲解太极拳服饰风格，将其中蕴含的民族文化、审美观念和价值追求等渗透到技术教学中去，加深学生对太极拳的理解，从而达到"以文化讲解引导技术教学"的目的。

3. 运用"情景教学"模式强化教学效果

"情景教学"是指在教学过程中，教师有目的地引入或创设具有一定情绪色彩的、以形象为主体的生动具体的场景，以引起学生一定的体验，从而帮助学生理解教材，并使学生的心理机能得到发展的教学方法。情境教学法的核心在于激发学生的情感。情景教学，是民族传统体育文化在高校教学模式中渗透与推广的重要方式。教师可组织学生到民族传统体育流传村落，深入民族传统体育文化情景，考察当地自然环境和人文环境，参与当地居民的传统体育活动，感受民族传统体育的文化魅力，接受民族传统体育文化熏陶。

一些民族传统体育活动多在传统节日或重大庆典时举办，体育教师可利用这一时机，组织学生深入民间，观察和了解民族传统体育项目的历史文化，参与当地民众的赛事或庆祝活动，采集民族传统体育项目的文化脉络和形态精髓，强化学生对民族传统体育项目的感性认识。

needs需要注意的是，情境教学法在教学过程中的运用，关键在于创设或引入恰当的教学情境。① 而创设或引入的情境首先要符合教学目标和教学内容，又要与学生的经验相一致，否则就不会取得预期的效果。

---

① 黄陆. 体育情境教学模式的构建 [J]. 柳州职业技术学院学报，2015，15（3）：146-148.

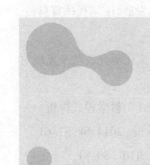

参考文献

[1] 李武绪.当代体育文化学解读[M].光明日报出版社,2015.

[2] 王建华,陈雁飞.民族传统体育[M].北京:人民教育出版社,2007.

[3] 叶加宝,苏连勇.体育概论[M].北京:北京体育大学出版社,2005.

[4] 答英娟,包静波,王锋.体育与健康[M].北京:北京邮电大学出版社,2018.

[5] 罗金玲.互联网+时代智慧校园建设探索[M].长春:吉林大学出版社,2018.

[6] 王海军.民族传统体育文化的传承发展与保护研究[M].长春:东北师范大学出版社,2017.

[7] 白晋湘.民族传统体育文化学[M].北京:民族出版社,2004.

[8] 蒋宁.传统与现代交汇下的体育教学改革探索[M].成都:西南交通大学出版社,2016.

[9] 邱丕相.武术文化传承与教育研究[M].北京:高等教育出版社,2011.

[10] 彭立群.民族传统体育与学校体育相结合研究[M].北京:中国商务出版社,2017.

[11] 王和鸣.民族传统体育文化在大学生体育健康教学模式中的融合与发展[M].北京:北京工业大学出版社,2019.

[12] 郭小晶,张俊霞,张冰.高校民族传统体育课程教学与实践研究[M].北京:中国时代经济出版社,2013.

[13] 蒋辉.再论民族传统体育的概念、分类及功能[J].青少年体育,2017(10):38–39,106.

[14] 李劲.浅谈高校校园体育活动智能APP功能设计及应用[J].佳木斯职业学院学报,2017(11):397–398.

[15] 邵丽. 互联网+背景下我国民族传统体育文化的传承与发展[J]. 当代体育科技，2017, 7(23) : 4–5.

[16] 田祖国，姜河，白晋湘，等. 湘鄂渝黔边山寨民族体育文化研究现状及发展对策 [J]. 西安体育学院学报，2000,17 (3) : 1–2, 5.

[17] 周家金，黄向平，孙庆彬. 民族传统体育的"文化植入式"教学模式探析——以桂东南采茶舞引入高校体育课堂为例 [J]. 梧州学院学报，2014 (6) : 57–61.

[18] 易斌. 试论非物质文化遗产的本质 [J]. 职业时空，2007, 3(10) : 80–81.

[19] 刘廷新，潘光辉. 赣南、桂南采茶戏的比较研究 [J]. 四川戏剧，2009 (5) : 68–70.

[20] 黄陆. 体育情境教学模式的构建 [J]. 柳州职业技术学院学报，2015, 15 (3) : 146–148.

[21] 杨建营. 从 20 世纪武术的演进历程探讨其发展方向 [J]. 体育科学，2005, 25 (7) : 53–58,62.

[22] 秦立凯，黎小龙，赵先卿. 文化传承视域下高校民族传统体育教学模式的反思与建构 [J]. 北京体育大学学报，2013, 36 (3) : 113–117.

[23] 陈仲平，宋证远. 对高校体育教学中人文教育与科学教育融合的本质特征及途径的研究 [J]. 南京体育学院学报 (社会科学版)，2007, 21 (1) : 58–61.

[24] 董翠香，胡晓波，茹秀英. 中国基础教育体育课程改革对体育教学改革的启示 [J]. 北京体育大学学报，2003, 26 (3) : 355–357.

[25] 任平社，陈晓波. 大学生体质现状及促进机制研究 [J]. 福建体育科技，2019, 38 (6) : 51–54.

[26] 左蓉，林宏. 民族传统体育项目融入高校体育教学可行性研究——以四川部分高校为例 [J]. 内江师范学院学报，2013, 28 (4) : 83–86.

[27] 王鸣骏，杜寿高. "学训结合"开创高校龙狮专项课改革的新思路——以南京工业大学为例 [J]. 体育科技文献通报，2014, 22 (2) : 62–63.

[28] 龙佩林，白晋湘，钟海平，等. 吉首大学民族传统体育课程教学研究与实践 [J]. 吉首大学学报，（自然科学版）2000, 21 (3) : 75–78.

[29] 宋卫. 试论少数民族传统体育的形成及特征、功能 [J]. 山东体育学院学报，2006, 22 (4) : 44–46, 53.

[30] 方芳. 关于普通高校民族传统体育专业武术套路教学改革探索 [J]. 当代体育科技，2019, 9(27) : 177–178.

[31] 刘婷 . "课内外一体化"的高校太极拳教学模式研究——以沈阳大学为例 [J]. 体育世界 (学术版) , 2019 (12) : 17–18, 110.

[32] 薛浩 . PBL 教学模式应用于舞龙舞狮教学的实证研究 [J]. 湖北体育科技 , 2014, 33 (7) : 648–65,6250.

[33] 谢云辉 . 多元反馈教学法在舞龙舞狮教学中的探析 [J]. 读与写杂志 , 2018, 15 (7) : 30.

[34] 蔡舒 . 高校舞龙舞狮教学的开展状况与实施建议 [J]. 当代体育科技 , 2019, 9 (11) : 156, 158.

[35] 谢媛媛 , 商秋华 , 何爱红 . "民族传统体育"小班化教学模式的构建研究 [J]. 扬州教育学院学报 , 2019, 37 (1) : 86–88.

[36] 杨洋 , 郭旭婷 . 东北地区高校民族传统体育文化的传承与发展 [J]. 哈尔滨体育学院学报 , 2017, 35 (4) : 58–62.

[37] 王焕盛 , 张传来 . 动态分层教学模式在 24 式太极拳教学中的应用研究 [J]. 体育科技 , 2020, 41 (1) : 134–135, 137.

[38] 苏新旺 . 对普通高校太极拳教学改革的探索 [J]. 福建茶叶 , 2020 (4) : 298–299.

[39] 罗曦光 , 李新华 . 翻转课堂教学模式在高校太极拳教学中的实践与思考 [J]. 湖北体育科技 , 2017, 36 (5) : 462–464.

[40] 陈阳光 . 分组教学法在太极拳教学中的重要性研究 [J]. 武术研究 , 2019, 4 (5) : 68–69.

[41] 尚玢 . 高校开展散打课程的必要性研究 [J]. 搏击·武术科学 , 2012, 9 (1) : 72–73.

[42] 韩兵 . 高校民族传统体育的发展对策 [J]. 西安航空学院学报 , 2013, 31 (4) : 54–57.

[43] 温和琼 , 陈灿宇 , 谢德山 . 高校民族传统体育教学模式的反思与建构——基于文化传承视域 [J]. 曲靖师范学院学报 , 2019, 38 (6) : 93–96.

[44] 宋卫 . 广东高校开展少数民族传统体育的现状及发展思路 [J]. 体育学刊 , 2007, 14 (6) : 56–58.

[45] 鲁林波 , 卜秀秀 . 贵州高校民族传统体育课程教学现状与发展对策研究 [J]. 武术研究 , 2018, 3 (2) : 119–121.

[46] 张永刚 . 基于民族体育项目的高校体育教学模式创新研究 [J]. 教育现代化杂志 , 2018, 5 (20) : 75–77.

[47] 吴昊 . 将少数民族传统体育项目引入贵州高校体育教学中的思考 [J]. 贵州广播电视大学学报 , 2012, 20 (2) : 34–38.

[48] 鲁维安．俱乐部教学模式在高校武术散打教学中的应用 [J]. 当代体育科技，2020, 20 (16)：215, 217.

[49] 白宝丰．民族传统体育专业本科教学中运动营养课程的融合与改革 [J]. 南京体育学院学报（自然科学版），2012, 11 (6)：129-130.

[50] 王鸿宇．内蒙古西部高校开展蒙古族传统体育项目必要性分析及发展策略 [J]. 世纪桥，2010 (23)：108-110.

[51] 高美丽，韩英甲．民族传统体育项目在高校开展的现实意义 [J]. 新西部：下旬·理论，2012 (6)：154.

[52] 周艳杰，朱元至，王凤仙．身体素养视域下中国民族传统体育在高校的教学模式探讨——以太极拳为例 [J]. 武术研究，2020, 5 (2)：54-57.

[53] 郭小全．情境式教学法在少体校散打教学中的应用 [J]. 内江科技，2020, 41 (308)：64-65.

[54] 陈宏伟．全球化视野下中华民族传统体育文化的传承和发展 [J]. 老字号品牌营销，2020 (6)：22-23.

[55] 陈少宇．人文视野下高校民族传统体育教学效能模式的建构 [J]. 体育世界（学术版），2010 (5)：51-52.

[56] 李伟伟．四川省高校民族传统体育开设现状与对策研究 [J]. 武术研究，2017, 2 (3)：70-72.

[57] 曹月勇．探析贵州少数民族传统体育与贵州高校体育教学的融合 [J]. 通化师范学院学报，2012, 33 (4)：45-47.

[58] 许磊．体育游戏在高校散打教学中的运用 [J]. 花炮科技与市场，2020 (1)：184.

[59] 贾琳．文化传承视域下高校传统体育教学模式反思与对策 [J]. 陕西教育（高教），2017 (1)：42-43.

[60] 聂春丽．智慧学习环境对高校民族传统体育教学改革的影响研究 [J]. 武术研究，2018, 3 (11)：97-99.

[61] 李军伟．新课改背景下高校体育教学模式改革研究 [J]. 青少年体育，2020 (5)：109-110.

[62] 郝家春，龚观．新中国 70 年民族传统体育学科回望与前瞻 [J]. 民族教育研究，2020, 31 (2)：104-111.

[63] 胡欣 . 武汉体育学院舞龙舞狮课程开设现状调查与研究 [D]. 武汉 : 武汉体育学院 , 2009.

[64] 陈双双 . 河南省高校民族传统体育专业武术套路技术课教学模式研究 [D]. 开封 : 河南大学 , 2012.

[65] 王鸿宇 . 内蒙古西部高校开展蒙古族传统体育项目的研究 [D]. 北京 : 北京体育大学 , 2016.